Veterinaire Verhalen over Paarden

I0148836

*Ter herinnering
aan Huub en Tiny van Helvoirt uit Rosmalen,
paardenfokkers met hart en hoofd*

Rogier Verberne

Veterinaire Verhalen over Paarden
1984 – 2004
hoe het vak van paardenarts veranderde

met tekeningen van
Marisca Bruinooge-Verberne

Colofon

© 2015	Rogier Verberne
Tekst	Rogier Verberne
Tekeningen:	Marisca Bruinooge-Verberne
ISBN/EAN:	978-90-818362-5-8
3ᵉ herziene editie	
Internet:	www.verberneboek.nl

Het auteursrecht voor tekst en tekeningen is van Rogier Verberne. Voor publicatie of andersoortige verspreiding is zijn schriftelijke toestemming nodig. Neem daarvoor contact op via het e-mailadres lrmverberne@lrmv.nl
De namen van de auteur en de illustrator moeten duidelijk worden vermeld evenals de bron www.verberneboek.nl De teksten mogen niet worden veranderd, ingekort of uitgebreid en de tekeningen vormen een onlosmakelijk deel van de tekst. Gebruik voor commerciële doeleinden en/of reclame wordt niet toegestaan.

Veterinaire Verhalen over Paarden

Inhoud

Paardenarts 1984 – 2004

Op 1 april 1984 begon ik als veearts in een Brabantse plattelandspraktijk ten oosten van Den Bosch. Ik was toen 40 jaar. De vooraf-
gaande 14 jaar was ik resp. assistent in de klinieken voor inwendige
ziekten en voor heelkunde op de faculteit diergeneeskunde in Utrecht
en had ik een promotieonderzoek afgerond op de medische faculteit
van de Vrije Universiteit in Amsterdam. Intussen hadden vooral de
pluimvee- en de varkenshouderij zich ontwikkeld tot bio-industrieën
waar de dokter voor het individuele zieke dier had afgedaan. Koeien
en paarden hadden wel nog elk een naam en ze werden bij ziekte of
kreupelheid als individu behandeld.

In de jaren tachtig wordt het zware werk op de boerderijen gedaan
met de tractor. Uit het sterke en brave werkpaard is dan al een lichter
en sneller rijpaard gefokt. In elk dorp ontstaat een landelijke rijvereniging en worden door de boerenzonen en anderen op zondag in vier-
en achttallen dressuur gereden en hindernissen gesprongen. Eens per
jaar is er een cross country, ringsteken of genk-rijden. Dat alles vereist een veelzijdig recreatiepaard.

In de jaren negentig en het begin van de 21^e eeuw levert dit veelzij-
dige recreatiepaard vervolgens de gespecialiseerde wedstrijdpaarden
op voor dressuur en springen (onder het zadel), eventing (een samengestelde wedstrijd met cross country), endurance (een marathon voor
paarden), reining en western riding (cowboywerk) en voor het aangespannen rijden (met een rijtuig). In de meeste van deze disciplines
zijn de paarden van het KWPN (Koninklijk Warmbloed Paardenstamboek Nederland) intussen toonaangevend geworden in de wereld
van de paardensport. Bij kreupelheid en ziekte worden deze kostbare
dieren in de 21^e eeuw niet langer thuis behandeld maar in paarden-
klinieken. Daar vinden ook de veterinaire keuringen plaats bij aan- of
verkoop. Het praktijkwerk van de gewone paardenarts raakt daardoor
geleidelijk beperkt tot de begeleiding van de fokkerij en de spoedei-
sende hulp.

Veterinaire Verhalen over Paarden

1984: veelzijdig recreatiepaard

Die ontwikkelingen vind je terug in deze waar gebeurde veterinaire verhalen. Ze zijn gegrepen uit de dagelijkse praktijk van de paardenarts gedurende de periode 1984 - 2004. Alleen de eerste twee verhalen stammen uit mijn tijd in de klinieken te Utrecht.
Veel van de specifieke vaardigheden van de paardenpracticus zijn intussen verdwenen en je kunt ze in 2015 al rekenen tot de oude ambachten. De paardenhouderij en het werk van de paardenarts zijn in de loop van deze 20 jaar blijvend veranderd.

Sint Michielsgestel, januari 2015
Rogier Verberne

2004: gespecialiseerd dressuurpaard

1. Hoefbevangenheid *(lamenitis)*

Iemand die plotseling bevangen wordt door kou of schrik kan zich van het ene moment op het andere nauwelijks nog bewegen. Zo gaat het ook met een paard dat acuut hoefbevangen wordt: het gaat onverwacht stilstaan, zonder zichtbare aanleiding. Het reageert niet meer op aansporing en het kan zelfs gaan liggen. Als dat op straat en in het verkeer gebeurt, zorgt het voor grote consternatie.

Pijn

Het gedrag van een acuut hoefbevangen paard is te verklaren door plotseling opkomende hevige pijn in de hoeven, meestal in beide voorhoeven. Die zijn anatomisch te vergelijken met de topjes van onze middelvingers. Bij hoefbevangenheid ontstaan dezelfde reacties als na de klap met een hamer op een vingertopje: onder de nagel ontstaat een bloeding, met druk en warmte en kloppende pijn. De druk wordt zo groot dat de nagel na enkele weken loslaat. Bij het paard komt die 'klap met de hamer' op de een of andere manier van binnenuit; aan de buitenkant is niets te zien. De bloeding die binnen de hoornschoen ontstaat, veroorzaakt warmte en pijnlijke druk. Zo'n zeshonderd kilo lichaamsgewicht drukt ook nog eens op de hoeven. In die situatie zal zo'n paard proberen om zijn pijnlijke voorhoeven te ontlasten door zijn lichaamsgewicht zoveel mogelijk over te brengen op de achterhoeven. Die komen dan onder de lichaamslast te staan en zijn kont steekt daarbij ver naar achteren. In het uiterste geval gaat een paard met acute hoefbevangenheid liggen.

Oorzaak

Ondanks veel onderzoek is het nog steeds onzeker waardoor die plotselinge bloeding binnen de hoornschoen ontstaat. Darminfecties met bacteriën die gifstoffen vormen, kunnen de oorzaak zijn. Het kan ontstaan door het vreten van teveel koolhydraten; die zitten in haver en mais. Teveel fructaan is ook niet goed en dat zit in vers gras. De aandoening wordt verder beschreven als complicatie bij sommige tumoren en na behandeling met bepaalde medicijnen.

11

Het is maar een greep uit de literatuur. Zeer verschillende oorzaken kunnen dus hetzelfde gevolg hebben: hoefbevangenheid.

Behandeling
Het is daarom niet verwonderlijk dat ook de behandeling van hoefbevangen paarden verschillend is. In de Utrechtse kliniek was tot de jaren zeventig het aderlaten de eerste ingreep. Bij een volwassen paard werd dan een halve emmer bloed afgetapt. Dat moest snel gebeuren, dus met een dikke naald. De patiënt kreeg vervolgens pijnstillers en de hoeven werden gekoeld met water (vergelijk de gekneusde vinger onder de koude kraan). De hoefijzers werden afgenomen en de patiënt kwam in een bak met nat zand te staan. De eerste dag moest hij vasten en daarna kreeg hij alleen hooi. Geen brokken of haver vanwege de koolhydraten.

Refereeravond
Eind 1970 was ik in de kliniek voor inwendige ziekten de jongste assistent. Professor Wagenaar was het hoofd. Die had een goed collegiaal contact met professor Hulst van de interne kliniek in het academisch ziekenhuis. Het werd voor mijn opleiding tot veterinair internist nuttig geacht dat ik daar eens een refereeravond zou bijwonen. Op het programma voor die avond stond de behandeling van shock. Alle histochemische reacties die daarbij optreden, waren juist ontrafeld. Daarop werd een nieuwe behandeling gebaseerd: voortaan moest direct een maximale dosis corticosteroïden (bijnierschorshormonen) in de bloedbaan worden toegediend, gevolgd door een infuus.

Dienst
Een poosje later heb ik in de kliniek de weekenddienst als uit de nabije omgeving een paard wordt gebracht. Tijdens een tocht met het rijtuig was de ruin zomaar stil gaan staan en hij was met geen mogelijkheid nog vooruit te krijgen. Noodgedwongen is hij ter plaatse

uitgespannen en er is om een vrachtauto gebeld. Die was er al snel. Een aantal omstanders heeft geholpen om hem de laadklep op te du- wen. Bij de melding per telefoon is de eigenaresse in tranen. Als het paard voor de grote schuifdeur van de kliniek wordt gelost, moet hij van de vrachtauto af worden geduwd. Het is een krachttoer om hem de kliniek binnen te krijgen, want hij steekt zijn benen stijf naar vo- ren en zijn kont ver naar achteren.

de patiënt moet worden geduwd

Shockhoeven
Tot vanmiddag is alles normaal geweest. Nee, Oscar heeft geen extra krachtvoer gehad. Ook geen mals gras; hij was kerngezond.
Dit is acute hoefbevangenheid, maar de oorzaak is een raadsel.

Terwijl ik de ruin onderzoek, realiseer ik me plotseling dat de zogenoemde extravasatie van vocht die in de hoeven optreedt, erg lijkt op de shocklong bij de mens. En daarbij moest toch de maximale dosis corticosteroïden in de bloedbaan worden toegediend? Voor het paard is dat geen prednison maar prednisolon. In de kliniekapotheek lees ik de bijsluiter. Voor toepassing bij shock staat daarin een speciale dosering vermeld; veel meer dan de gebruikelijke dosis. De voorraad flesjes is maar net voldoende voor één zo'n injectie. Om het effect daarvan te kunnen beoordelen, doe ik verder niks: dus geen aderlating, geen pijnstillers en geen koud water. Oscar wordt naar de dichtstbijzijnde stal geduwd en daar in een box gezet. De smid zal morgen de hoefijzers afnemen. Dan zijn er ook meer mensen om zijn box te vullen met nat zand; voor één stalknecht in de zondagsdienst is dat een groot karwei. VASTEN schrijf ik op het bordje bij de box. Maar Oscar taalt niet naar voer: hij ligt al languit in het stro om zijn pijnlijke hoeven te ontlasten.

Stalronde
Op maandagochtend start de stalronde stipt om acht uur. Voorop loopt de chef de clinique, daarachter de assistenten gevolgd door de coassistenten. Iedereen is in het wit gekleed. In de eerste stal en de eerste box staat Oscar. Hij *staat*! Naast de boxdeur hangt de temperatuurkaart; achterop staat de behandeling. Als de lector die leest, gaan zijn wenkbrauwen omhoog, maar hij zegt niks. Ik zwijg ook want er wordt me niks gevraagd. De stoet trekt verder door de verschillende stallen. Na afloop word ik apart genomen. Hoe zit het met de behandeling van dat hoefbevangen paard? Met prednisolon? En dan die dosering! Ik vertel van de refereeravond in het ziekenhuis. En de speciale dosering heb ik gehaald uit de bijsluiter.

Lunch
Twee dagen later is de wekelijkse lunch voor de wetenschappelijke staf. De tafels in de refereerzaal staan in een hoefijzervorm.

Hoefbevangenheid

In het midden van de korte tafel zit de professor. Links naast hem het hoofd van het laboratorium. Aan zijn andere zijde de chef de clinique. Aan het eind van de lange rij tafels, bij de deur, is mijn plaats. Er hangt iets in de lucht. Zodra iedereen zit, blijkt wat het is: de hoogleraar geeft te kennen dat hij niet gecharmeerd is van veranderingen in de behandelingsprotocollen binnen de kliniek. En helemáál niet als die zomaar worden ingevoerd door de jongste assistent! Ik staar naar mijn bord en zwijg. Als hij is uitgesproken, zwijgt trouwens iedereen. En het wordt nog stiller als ik opsta en langs de rij tafels naar voren loop. Achter de professor is nog een tafel en daarop staat een banketbakkerskist vol met gebakjes. Ik presenteer die aan hem als eerste: "Van een dankbare eigenaresse".

helemaal hersteld na één injectie

15

Die ochtend is Oscar uit de kliniek ontslagen omdat hij helemaal hersteld was. In drie dagen! Dat is nog nooit gebeurd. De eigenaresse kon haar geluk gewoon niet op. En er blijven die middag ook gebakjes over.

Dracht

Jaren later in de praktijk word ik nog eens geconfronteerd met acute hoefbevangenheid. Ik moet met spoed naar een merrie die al tien maanden drachtig is (bij het paard duurt de dracht elf maanden). Ze werd allang verwend met extra krachtvoer want 'ze moest nu toch vreten voor twee?' De merrie is dan ook veel te vet. Vanmorgen bokte ze nog van ongeduld bij het voeren. Maar nu, een paar uur later, staat ze stokstijf in de stal en ze zweet. De bloedvaten aan de onderbenen zijn opgezet en de hoeven zijn warm. Je kunt bij haar geen voet van de grond krijgen: daardoor zou haar volle gewicht op het andere voorbeen gaan rusten en die hoef doet ook al verschrikkelijk pijn.

Pijnstiller

Inspuiten van corticosteroïden bij hoogdrachtige dieren geeft een grote kans op abortus (verwerpen). Bij een hoge dosis prednisolon hoef je daarover dus geen illusies te hebben. En een veulen dat een maand te vroeg wordt geboren, heeft vrijwel geen overlevingskans. Daarom wordt deze merrie niet met een prednisoloninjectie in de bloedbaan behandeld, maar met een pijnstiller. Haar hoeven worden langdurig afgespoten met koud water en ze moet vasten. De volgende dag is ze niks verbeterd. Integendeel. Ze krijgt weer die pijnstiller. De voorhoeven worden verpakt in dikke verbanden om de pijn bij het staan te verlichten. Maar ze blijft desondanks veel liggen. Daarom komt er in de stal een dik ligbed van houtkrullen en heel veel stro. Na een week komt ze nauwelijks nog overeind. Toch krijgt ze geen doorligplekken, hoewel ze zowat 800 kg weegt. Dus het dikke ligbed werkt wel.

Hoefbevangenheid

Zoolbreuk
Bij het vernieuwen van de verbanden is in het voorste deel van de hoefzool een bolling te zien: het hoefbeen is door de inwendige druk gaan kantelen binnen de hoornschoen. Dat bot heeft een scherpe rand. In de tweede week treedt een zoolbreuk op aan beide voorhoeven: de punt van het hoefbeen breekt door de zool naar buiten. Staan is nu onmogelijk; de pijn is ondraaglijk. Eindelijk wordt het veulen geboren; ondanks alles is het kerngezond. Enkele dagen later is voor het veulen een stiefmoeder gevonden en kan de merrie door de slager uit haar lijden worden verlost.

Tot slot
Het gebruik van corticosteroïden bij hoefbevangenheid is fel omstreden. Maar in de eerste uren na het ontstaan van de aandoening lijkt de eenmalige injectie van een hoge dosis kortwerkende prednisolon in de bloedbaan de beste aanpak. Zelfs in het geval van een drachtige merrie zou ik proberen om de eigenaar daarvan te overtuigen.

2. Kreupelheidsonderzoek *(een paard met karakter)*

Een paard dat onregelmatig loopt, wordt kreupel genoemd en niet mank zoals bij de mens. Vaak is zo'n kreupelheid alleen te zien als het paard op een harde ondergrond loopt. Of juist niet: de beweging kan ook alleen onregelmatig zijn als hij zich op een zachte bodem voortbeweegt. Een complicatie bij een viervoeter is dat een probleem aan één been ook de bewegingen van de andere drie benen beïnvloedt. En het wordt nog moeilijker als de kreupelheid twee van de vier benen betreft.

Amor

"Opzij! Kijk uit! Dit is een Amor!" Uit de wachtruimte van de Kliniek voor Heelkunde komt een man met zijn paard. Ze lopen over de monsterbaan naar de stallen. Hij heeft zijn arm gestrekt om het dier vooral op voldoende afstand te houden. Een dierverzorger neemt het paard van hem over en ze verdwijnen in de gang naar de stallen. De volgende dag blijkt uit het patiëntenverslag dat de ruin een zoon is van de hengst Amor. Die voert Trakehner bloed. Hij werd ingevoerd om rijpaarden te fokken voor de recreatie uit de Gelderse en Groningse werkpaarden. Hun werk in de landbouw is intussen grotendeels overgenomen door tractors. Voor de omvorming van werkpaard naar recreatiepaard werden hengsten geïmporteerd uit Duitsland, Engeland en Frankrijk. Daarvan was Amor bij de fokkers het meest populair: hij verwekte hier 1653 nakomelingen; werd door het stamboek tot keurhengst benoemd en preferent verklaard. Er is zelfs een standbeeld voor hem opgericht.

Onderzoek

Dit paard wordt aangeboden voor een moeilijke kreupelheid: soms loopt hij onregelmatig, dan draaft hij weer dagenlang normaal. Het signalement wordt opgenomen: ras, geslacht, leeftijd, kleur en aftekeningen. Chips om paarden te identificeren, bestaan dan nog niet. Daarna wordt het paard door een van de knechts gemonsterd: hij leidt het dier aan de hand over de monsterbaan.

Kreupelheidsonderzoek

Dat is een grote ruimte met een harde bodem van asfalt. Er wordt daarbij gekeken naar eventuele onregelmatigheden in stap en draf, op de rechte lijn en op een cirkel. Maar er is geen kreupelheid te zien. Dan wordt dit op een zachte ondergrond herhaald in de aangrenzende manege. Ook daar zijn er geen problemen. Daarna terug naar de monsterbaan voor de buigproeven: van elk been worden een voor een de gewrichten gebogen en twee minuten aangespannen gehouden. Na elke buigproef moet het paard aandraven. Als er verborgen pijnlijkheid zit in of rond het betreffende gewricht loopt het dier daarna korte tijd kreupel. Elk gewricht komt aan de beurt, been na been. Aan een van de voorbenen blijkt de buigproef van het hoefgewricht een tijdelijke kreupelheid uit te lokken. Hij krijgt ter plaatse twee kleine injecties om een deel van die hoef te verdoven. Als daar de oorzaak zit van de kreupelheid is die dadelijk verdwenen. Daarna moeten er röntgenfoto's van worden gemaakt. Hij gaat naar de smederij om zijn hoeven daarvoor te laten bekappen. Intussen vul ik het onderzoeksverslag in.

Hoefstal

Of ik even naar de smederij wil komen want daar gaat iets niet goed. Het paard staat in de hoefstal: vier buizen die rechtop in de betonnen vloer staan. Aan de voorkant zorgen twee dwarsbalken, een onder de hals en de andere er boven, dat het paard niet kan steigeren of naar voren uit de hoefstal springen. Aan de achterkant is een halfhoge deur van houten balken. Aan de zijkanten zitten tussen de staanders horizontale verbindingsstukken die het zijwaarts 'uitbreken' van het paard voorkomen. Twee brede banden kunnen onder de buik worden gespannen zodat het dier niet in de hoefstal kan gaan liggen. De ruin weigert zijn hoeven op te tillen om zich te laten bekappen. Dat wil zeggen: hij tilt ze wel op, maar alleen om er mee te slaan. Als hij maar even wordt aangeraakt, slaat hij bliksemsnel en hard. De banden onder de buik zijn al aangebracht. De twee smeden vragen om hem met een spuitje te kalmeren. Dat heb ik meegebracht.

19

Het moet in de ader aan de hals worden gespoten. Maar hij is niet te benaderen: zijn voorbenen slaan furieus onder de balken door. Daarom krijgt hij een praam op. Dat is een hulpmiddel in de paardenhouderij: een stok met aan het eind een stevige, kleine lus. De lus wordt rond de bovenlip gelegd en met behulp van de stok aangedraaid.

praam

Dat lijkt barbaars, maar het effect komt overeen met acupunctuur: er komen endorfinen vrij die het pijngevoel en de angst verminderen. Bij de meeste paarden is het mogelijk om zo kleine ingrepen te doen zonder bijkomende verdoving. Maar hier werkt het averechts: het opzetten van de praam provoceert een woedeaanval. Hij stort zich naar voren en trapt wild onder de balken door: links en rechts en met twee benen tegelijk. De vonken schieten onder zijn hoefijzers vandaan. Dan krijgt de achterdeur de volle laag: hij ramt zo hard tegen de balken dat ik vrees voor het breken van zijn benen. Hij moet een waas voor zijn ogen hebben: als een dolle gaat hij tekeer. Het davert door de smederij. Bij de deur ontstaat een oploop van nieuwsgierigen.

Kreupelheidsonderzoek

Sedatie

Hoe geef je zo'n stuk ongeluk een spuitje in de bloedbaan zonder zelf in het ziekenhuis of het mortuarium te belanden? De praam zit op zijn bovenlip en een smid houdt die vast. En wat een smid eenmaal in zijn handen heeft, laat hij niet los. Maar als ik dichterbij kom, ziet dit paard toch nog kans om zijn hoofd weg te draaien: alleen het wit van zijn ogen is te zien. Naast de stalen staander sta ik veilig. Met een gestrekte arm kan ik net zijn hals bereiken en met mijn duim de ader stuwen. Maar als ik prik, ontketent dat weer een aanval van razernij. De voorbenen slaan wild onder de balken door. Er komt een tweede praam op zijn bovenlip. Wegdraaien van het hoofd kan nu niet meer. Zo krijgt hij zijn spuitje. Daarna wordt hij aan zijn lot overgelaten. De nieuwsgierigen bij de deur vertrekken.

Hangen

Twintig minuten later is er niks veranderd. Een tweede injectie dan maar. Als ik rond de hoefstal loop, volgt hij me met de ogen. En als ik in zijn buurt kom, slaat hij snel en hard, naar voren en naar achteren. Dan leggen we lussen van dik touw bij elk van zijn voeten op de grond. En zonder het te beseffen stapt hij daar even later in. Elke voet wordt vastgebonden aan een staander. Dat veroorzaakt weer blinde woede, maar uiteindelijk staat hij onwrikbaar vast aan de hoefstal. Slaan is uitgesloten. Hij krijgt weer twee pramen op. Verder verzet is onmogelijk. Dat denken we. Maar nu hij niet meer kan aanvallen, laat hij zich door zijn benen zakken en gaat hangen. Liggen kan niet door de banden onder zijn buik: hij kan maar weinig omlaag. Toch wordt zijn keel nu dichtgedrukt door de balk onder zijn hals.

Dood of spelen

Even afwachten maar: als hij dadelijk benauwd wordt, zal hij wel weer op zijn benen gaan staan. Maar dat gebeurt niet: hij blijft hangen. Na een paar minuten begint het wit van zijn ogen blauw te kleuren. "Kom op, staan!" Het is een van de smeden.

21

Maar de ruin beweegt zich niet. Zijn oogwit wordt donkerder. "Vooruit, ga staan!" Er vallen rake klappen maar hij reageert niet en blijft onveranderd met zijn keel op de balk hangen. Dan wordt het stil in de smederij. De hoefsmeden kijken me vragend aan. Het wit van zijn ogen is nu paars en aders lopen als dikke koorden onder de huid op zijn hoofd. Maar met al zijn agressie en verzet is deze draak erin geslaagd om me nog eens ouderwets driftig te krijgen. Deze keer zal hij zijn zin niet krijgen, wat er ook van komt. En dus: "Niet loslaten!" Daarop volgt een stilte; een doodse stilte. Iedereen staat stokstijf. De stijfkop in de hoefstal blijft hangen. Zijn oogwit verandert geleidelijk in zwart.

Maar dan, als iedereen denkt dat het met hem is afgelopen, gaat hij ineens staan. Een zucht van opluchting gaat door de smederij. "En nu bekappen. Vlug! Voordat hij opnieuw praatjes krijgt." Maar hij is volkomen groggy; als een bokser na een knock out. Hij beseft nauwelijks nog wat er om hem heen gebeurt en hij laat zijn voeten een voor een netjes bewerken.

Afloop
Niet alleen in de smederij maar ook bij het nemen van de röntgenfoto's gedraagt hij zich verder voorbeeldig: hij lijkt wel een mak paard. De uitslag van het onderzoek en het resultaat van zijn behandeling herinner ik me niet meer. Alleen de naam Amor is me bijgebleven.

3. Plattelandspraktijk

de ingang van het praktijkcentrum

Dierenartsenpraktijk "Hintham" staat op een groot bord boven de voordeur. Naast de naam een Siamese tweeling gestileerd tot de letter H, het symbool van de praktijk. Hintham is een wijk van het acht kilometer westelijker gelegen Den Bosch. De naam herinnert nog aan de tijd dat de praktijk daar zijn thuisbasis had met aanvankelijk maar twee dierenartsen. Vandaar het symbool.

Dierenarst

De dierenartsen van toen waren echte alleskunners: honden, katten, cavia's, konijnen, kanaries en andere gezelschapsdieren kwamen op het spreekuur in Hintham. En de boeren in de omtrek werden ook van daaruit bediend: koeien, varkens, geiten, schapen en paarden. Maar de tijden veranderden en de differentiatie deed zijn intrede.

De praktijk werd gesplitst in een kliniek voor gezelschapsdieren die in de stad gevestigd bleef en een praktijk voor landbouwhuisdieren waarvan het centrum verhuisde naar het platteland, naar Berlicum.

Veearts

Daar werd de oude naam 'veearts' weer relevant. Dat is praktischer dan 'dierenarts voor landbouwhuisdieren en paarden'. Toen waren veeartsen meestal mannen. De vier die vanuit het praktijkcentrum in Berlicum werkten, specialiseerden zich elk in twee diersoorten: rundvee en varkens, rundvee en paarden, varkens en kleine herkauwers (schapen en geiten), varkens en paarden. Mijn taak betrof het rundvee en de paarden. Alleen voor spoedgevallen waren we alle vier all round: tijdens de avond- en nachtdiensten moest ieder een koe of schaap kunnen verlossen, ook door middel van een keizersnee; of bijv. een gebroken poot in het gips zetten. Elke dag gingen we, na het telefonisch spreekuur, vanuit het centrum de boer op om alle oproepen af te werken. Daarbij waren de medische mogelijkheden beperkt, want alle behandelingskosten moesten door het herstelde dier worden terugverdiend. De veehouderij is een bedrijf waarvan de boer leeft; geen hobby die geld mag kosten.

Veehouder

Tegenwoordig zegt men liever veehouder dan boer. Maar veehouder en boer zijn geen synoniemen. Neem bijvoorbeeld een Bosschenaar die buiten gaat wonen en een paar vleeskoeien koopt. Zo'n man is daarmee veehouder; maar hij is daardoor nog geen boer! Een boer houdt niet alleen vee, maar hij heeft ook een bepaalde stijl van leven. Vele generaties boeren (en boerinnen) werden op het bedrijf geboren en getogen en daardoor ontstond op den duur een bepaald karakter. Zo is een echte boer eigenwijs, hardwerkend, nuchter, onafhankelijken zuinig. Het zijn maar enkele van zijn kenmerkende eigenschappen. Of deze karakter-kenmerken ook bij de boerin zijn aangeboren, durf ik niet te zeggen.

24

Plattelandspraktijk

Maar kwezels of uitgaanstypen ben ik op de Brabantse boerderijen niet tegengekomen; erg mooie meiden wel.

Dienst
In de veeartsenpraktijk heeft altijd iemand dienst voor spoedgevallen, 365 dagen en nachten van het jaar, inclusief feestdagen. Nachten dat je daarbij niet je bed uit hoeft zijn zeldzaam; twee of drie oproepen in een nacht komen vaker voor. Die komen zelden achter elkaar, maar meestal als je net weer bent ingeslapen. Dienstweekeinden zonder werk zijn er niet. En de maandag daarna begint het telefonisch spreekuur gewoon weer om acht uur. Compensatie voor al dat onregelmatige avond- en nachtwerk in de vorm van vakantiedagen is onmogelijk omdat de belasting voor de thuisblijvers dan te groot zou worden: drie weken vakantie per jaar is het maximum. Zo werk je in een plattelandspraktijk dus 49 weken per jaar van gemiddeld 75 tot 80 uur. Dat zijn twee volledige banen in loondienst zonder de daarbij behorende vrije weekeinden en vakanties.

Ongelukken
Veeartsen komen dus vaak slaap tekort en ze maken daardoor nogal eens brokken met de auto. Voor krassen of kleine deuken heb ik de garage trouwens nooit lastiggevallen: je wil je auto tenslotte ook niet al te vaak missen voor reparaties. Maar de kwaliteit van je werk mag niet lijden onder je vermoeidheid: schadeclaims zijn in de praktijk niet langer ongewoon en de beroepsaansprakelijkheid moet daarom terdege zijn verzekerd.

Ongezond
Het werk van de veearts is boeiend maar ook zwaar. Vooral zijn rug krijgt het zwaar te verduren. Zo gebeuren verloskundige en chirurgische ingrepen in de praktijk nooit op de juiste werkhoogte: vaak wordt er geopereerd terwijl het dier op de grond ligt. Je werkt dan in gebukte houding of op je knieën. Bovendien is het werk gevaarlijk:

je moet voortdurend oppassen voor trappen en stoten: die kunnen je
ernstig beschadigen, zelfs invalide maken. Stalstof dat je inademt kan
tot emfyseem en allergieën leiden. Het gillen van varkens die bijv.
gevaccineerd moeten worden, maakt je vroegtijdig doof. En je staat
voortdurend bloot aan allerlei infecties die van dieren op mensen
kunnen overgaan. Geen wonder dat de arbeidsongeschiktheid onder
veeartsen hoog is; zelfs zo hoog dat diverse verzekeringsmaatschap-
pijen hen weigerden als klant.

Assistente
In ons praktijkcentrum werkten vier parttime assistentes. Ze vormden
daar het thuisfront, namen buiten het telefonische spreekuur de bood-
schappen aan en gaven die door aan de veeartsen. Aan de balie lever-
den ze medicijnen af aan de boeren en ze bestelden nieuwe voorra-
den. Ze steriliseerden de instrumenten voor keizersnedes en andere
chirurgische ingrepen en hielden het gebouw schoon. Ze boekten de
visitebriefjes in en draaiden maandelijks de rekeningen uit. Ze zetten
koffie als hun bazen aanwezig waren, zuchtten opgelucht als ze weg-
gingen en ruimden de rotzooi op die ze achterlieten. Het is maar een
greep uit hun talrijke taken.

Telefoon
Een boer aan de telefoon beschouwt het noemen van zijn naam doorgaans als tijdverlies of hij doet dat onverstaanbaar. De medicijnen die
hij wil bestellen, hebben altijd moeilijke namen; de verpakking heeft
hij niet bij de hand of die zit onder de stront. En zonder zijn bril kan
hij die kleine lettertjes niet lezen: "Voor uierontsteking; ge weet wel;
die ik altijd heb". En raar maar waar: de assistente wéét dat dan ook.
En tegen een boer die na lang zwoegen een kalf niet geboren kan
krijgen en, als het bijna te laat is, de veearts belt, moet je niet zeggen:
"heeft u een ogenblikje, want ik heb nog iemand aan de andere lijn".
De goede assistente moet het vruchtwater aan zijn armen als het ware
door de telefoon kunnen ruiken.

Plattelandspraktijk

Vriendelijk

En hoe lomp de klant ook is, de assistente moet altijd vriendelijk tegen hem blijven. Datzelfde geldt als ze een spoedvisite moet doorgeven aan de veearts van dienst. Die is dan altijd druk bezig. En in een vol programma komt een spoedvisite altijd ongelegen. Bovendien kan hij in de voorbije nacht ook al zijn bed uit zijn geweest voor een spoedklus. De assistente moet daarbij dus over grote diplomatie en veel geduld beschikken; ze mag nooit iets vergeten, geen fouten maken en vooral onder alle omstandigheden vriendelijk blijven.

assistente

Zwanger

Misschien vraagt u zich af hoe onze assistentes dat volhielden. Althans mij heeft dat vaak verbaasd. Toch is nooit één van hen in huilen uitgebarsten of gillend weggerend.

Ook is niemand van hen overspannen geweest in al die jaren. De enige reden dat wij de dames na verloop van tijd kwijtraakten, was: zwangerschap. En vreemd was dat niet, want de duizendpoten die bij ons werkten, waren ook nog eens aantrekkelijke vrouwen. Dat vonden niet alleen wij, de veeartsen die ze hadden aangenomen, maar ook de boeren. Die konden zowel het werk van de dames als hun uiterlijk best waarderen en ze kwamen zonder tegenzin hun medicijnen op de praktijk halen.

Kinderloos
Het contact tussen boer en veearts was in de praktijk doorgaans hartelijk. Aan de keukentafel werd vaak niet alleen het wel en wee van de veestapel besproken, maar ook dingen die speelden in het gezin. Zo bleef een echtpaar jarenlang kinderloos terwijl het ouderschap zeer werd gewenst. Na de bedrijfsbegeleiding kwam dat bij de koffie ter sprake. Omdat een van de assistentes weer moeder zou gaan worden, zag de veearts de voor de hand liggende oplossing: "Laat je vrouw maar bij ons assistente worden, dan is ze zo zwanger."
Op dit hartelijke aanbod zijn de boer en zijn vrouw niet ingegaan.

4. Aankoopkeuring *(sportkeuring)*

Bij de aankoop of verkoop van een paard wordt tegenwoordig meestal een veterinaire keuring gevraagd. Daarbij gaat het niet alleen om de gezondheid van het dier maar ook om de geschiktheid voor een bepaald gebruiksdoel. Dat gebruiksdoel wordt door de opdrachtgever bij de keuring aangegeven en op grond daarvan volgt een aankoopadvies c.q. verkoopadvies: positief of negatief.

Onderzoek
Bij zo'n veterinaire keuring worden hart en longen beluisterd en wordt er gelet op ogen en gebit. Met een endoscoop kunnen de stembanden bekeken worden om een gedeeltelijke verlamming (cornage) te kunnen vaststellen. Als het om de fokkerij gaat, wordt het geslachtsapparaat onderzocht. Maar voor elk gebruiksdoel is het bewegingsapparaat van belang: een kreupel paard is voor elk doel ongeschikt en wordt afgekeurd. Vandaar dat buigproeven van de gewrichten en röntgenfoto's zwaar wegen bij de keuring.
De paardensport kent verschillende disciplines o.a. aangespannen rijden (met een rijtuig) en harddraven (voor een sulky); dressuur en springen (onder het zadel); rennen en endurance (een marathon voor paarden); eventing / military (een samengestelde wedstrijd met cross country) en western riding (cowboywerk). De belasting van de gewrichten is erg verschillend per discipline. Geen enkel paard, hoe gezond ook, is geschikt voor al deze disciplines. Daarom volgt na zo'n onderzoek geen goedkeuring of afkeuring van het betreffende paard, maar wordt er 'groen licht' gegeven (of niet) voor een bepaald gebruiksdoel.

Goed gekeurd
Vergelijk het met de sportkeuring bij de mens: groen licht voor deelname aan de wandelvierdaagse betekent niet tevens de geschiktheid voor het eerste voetbalelftal van PSV. Dat misverstand is in de paardenwereld echter hardnekkig. Een voorbeeld uit de praktijk: Een paard wordt gekeurd voor de verkoop met een positief resultaat.

De koper laat het dier daarna elders opnieuw keuren en het wordt afgekeurd. Dus tenminste een van de twee keurende paardenartsen lijkt een knoeier of corrupt; mogelijk allebei. Maar de verkoper had als gebruiksdoel genoemd: 'buitenritten voor recreatie'. Terwijl de koper bij de tweede keuring aangaf dat hij met dit paard wilde deelnemen aan internationale springconcoursen (jawel, zelfs in Aken!). De koopprijs was daarmee weliswaar niet in verhouding, maar dat valt buiten de verantwoordelijkheid van de keurende paardenarts. Bovendien: hoe betrouwbaar is die informatie?

Abgar
Of ik een paard wil keuren voor een militaryruiter. De koop is al rond op voorwaarde van de veterinaire goedkeuring. Het betreft een ruin van vijf jaar oud, een zoon van de Engelse volbloedhengst Abgar. De verkoopster kon met het dier niet overweg. Voor de military (nu eventing genoemd) lijkt een paard met zo'n afstamming een logische keus: bij de terreinproef (cross country) worden snelheid, uithoudingsvermogen en hardheid geëist en die eigenschappen zijn bij uitstek verankerd in het Engelse volbloedras. Een eventingpaard zal dus vaak 'hoog in het bloed staan' (meerdere Engelse volbloeds als voorouders hebben). Het laatste onderdeel van de samengestelde wedstrijd is een springparcours. Daarvoor hebben Engelse volbloeds in het algemeen minder aanleg. In dat opzicht behoorde Abgar tot de uitzonderingen: met een zogenoemde springindex van 112 presteert zijn nafok doorgaans zelfs iets bovengemiddeld.

Röntgenfoto
De koper is bij de keuring zelf aanwezig en helpt bij het onderzoek. Dat is maar goed ook want dit paard is eigenzinnig en onbuigzaam van karakter. Met name bij de buigproeven en het maken van de röntgenfoto's is hij niet gemakkelijk te hanteren. Maar militaryruiters zijn niet de minsten onder de paardenmensen en deze man behoort tot de subtop in die discipline.

Aankoopkeuring

Deze keuring is me altijd bijgebleven: niet alleen vanwege het precaire karakter van de Abgarzoon, maar vooral door de kwaliteit van zijn beenwerk: nooit eerder had ik bij een keuring straalbeentjes (hoefkatrollen) gezien van de klasse 0 (zonder afwijking) en ook daarna is me dat niet meer overkomen. De klasse 0 staat gelijk met een 10 op je schoolrapport.

röntgenfoto van een hoef

Advies
Dit paard is fysiek geschikt voor de zeer zware eisen van dit gebruiksdoel. Het aankoopadvies is dus positief.

31

Dat schrijf ik in het keuringsrapport. Mondeling maak ik daarbij een kritische opmerking over zijn karakter: zou dit paard te hanteren zijn bij de africhting?
Daarop valt een stilte. De nieuwe eigenaar loopt rood aan van kwaadheid: dit is een echte belediging. Hij is een ervaren paardenman, vrijwel volledig professional. Elk van zijn paarden heeft hij zelf afgericht en naar zijn hand gezet. Bij de één kostte dat wat meer tijd dan bij de ander, maar allemaal hebben ze moeten buigen voor zijn wil. Hij zwijgt, maar zijn ergernis is overduidelijk.

Afloop
Jaren later ontmoet ik de man nog eens op een receptie. Op de praktijk is hij nooit meer geweest. Ik vraag hoe het is gegaan met die Abgar van destijds. Eerst hoort hij me niet; daarna ontwijkt hij de vraag, want we staan in een kring met toehoorders. Even later, onder vier ogen, antwoordt hij toch: "Meer dan twee jaar heb ik iedere dag met dat paard gevòchten. Maar ik heb hem nooit in een wedstrijd kunnen uitbrengen. Er was werkelijk niks mee te beginnen! Ik heb hem weggedaan." Dat zegt iets over het karakter. Van beiden.

5. Hoefkatrol *(zenuwsnede)*

Een paard heeft vier hoefkatrollen: in elke hoef zit er één. Het is een klein botje dat officieel straalbeen heet en dat dwars onderin de hoef ligt. Over die hoefkatrol loopt een pees naar de onderkant van het hoefbeen. Die pees oefent druk uit op de hoefkatrol en die druk kan bijzonder groot zijn bijvoorbeeld bij de landing na een sprong. Maar in het paardenjargon wordt met 'hoefkatrol' een bepaalde afwijking bedoeld aan dat straalbeen: de botkwaliteit is dan onvoldoende en geeft aanleiding tot kreupelheid. Die botkwaliteit is erfelijk bepaald. Daarom worden dekhengsten daarop röntgenologisch onderzocht.

Kreupel
Straalbeentjes van onvoldoende botkwaliteit worden bij belasting pijnlijk. Zulke paarden gaan kreupel lopen. Doordat de afwijking meestal beide voorhoeven betreft, is die kreupelheid niet zomaar te zien. Vaak komt het pas bij het springen aan het licht. Zo kan weigeren voor de hindernis een gevolg zijn van 'hoefkatrol'. Meerdere jaren zijn dan geïnvesteerd in opfok en africhting van het paard als blijkt dat het ongeschikt is voor het gebruik als sportpaard. Als het intussen is verkocht, laten de problemen zich raden: koopkwesties en rechtszaken zijn vaak het gevolg. Daarom is een veterinaire keuring bij de (ver)koop van een paard met röntgenologisch onderzoek van hoeven en gewrichten tegenwoordig gebruikelijk. Dat keuringsonderzoek en het maken en beoordelen van de röntgenfoto's is niet eenvoudig; ze hebben binnen de beroepsgroep geleid tot een specialisatie. De keuring moet liefst plaatsvinden vóórdat wordt geïnvesteerd in de africhting. Maar al te jong is ook niet goed omdat botrijpheid nodig is voor een gedegen oordeel over de sportieve belasting die later mogelijk is.

Butazolidine
Paarden met 'hoefkatrol' zijn onbruikbaar voor de sport. En goede veulens kun je er niet mee fokken door de erfelijkheid van de aandoening. Daarom werd in het verleden aan zulke kreupele dieren op

bij de landing komt grote druk op de hoefkatrollen

uitgebreide schaal butazolidine toegediend als pijnstiller. Daarmee waren ze dan nog wel te berijden. Maar als het medicijn was uitge-werkt, kwam de pijn veel heviger terug dan tevoren door de onge-remde belasting. Het gebruik en het bezit van butazolidine zijn nu in Nederland verboden.

Zenuwsnede
Het pijngevoel kan in een deel van de hoeven worden uitgeschakeld. Door boven de hoef een stukje uit twee zenuwen te verwijderen, wordt de achterste hoefhelft gevoelloos. En daar zit het straalbeen. Het gevoel in de voorste hoefhelft blijft na zo'n zenuwsnede intact.

Hoefkatrol

Daardoor loopt het dier na de operatie normaal. De ingreep geneest de aandoening niet, want de botkwaliteit van het straalbeentje wordt er niet door verbeterd. Alleen het ongemak voor het paard verdwijnt voorgoed omdat de zenuw-einden niet meer aan elkaar groeien. In de jaren zeventig en tachtig is die operatie bij honderden paarden uitgevoerd. Sinds de jaren negentig wordt echter bij de selectie van de dekhengsten rekening gehouden met de röntgenopnamen van hun straalbeentjes. Daardoor is de ingreep in de loop der jaren onnodig geworden.

Stapmolen

Op een maandagmorgen wordt tijdens het spreekuur gebeld voor een paard dat al een paar dagen slecht eet. Een paardentandarts is er dan nog niet en problemen met het gebit behoren tot het werk van de paardenarts. Achter de verbouwde boerderij van de eigenaar staat een stapmolen. Dat is een grote draaimolen waaraan je zes paarden kunt laten rondstappen. Nu lopen er maar drie: twee stappen opgewekt en fris rond. Maar de derde lijkt door de molen vooruit te worden getrokken aan zijn halstertouw. Hij heeft er weinig zin in op de maandagmorgen. "Dat is Tarzan. Onze Rien heeft er gister in Rooi (Sint Oedenrode) het Z springen nog mee gewonnen. In de barrage lag het hout op ene meter dertig!"

Melkkies

We lopen de stal in naar het paard waarvoor vanmorgen werd gebeld. De slechte eter heeft zijn voer nu helemaal op. "Sakkerju, nou het ie den bak wèl leeg! Vanmerge lag alle voejer van gister d'r nog in." Maar helemaal leeg is de voerbak niet: op de bodem ligt iets dat lijkt op een steentje. Het is een melkkies. Het jonge dier is z'n gebit aan het wisselen. De blijvende kies drukte de melkkies uit de kaak omhoog. Die kon nog even als een 'dop' op de doorbrekende kies blijven zitten en ging voor kauwproblemen zorgen. Maar die zijn opgelost: de dop heeft spontaan losgelaten.

Dat geeft tijd voor een praatje: "Diejen Tarzan he'k zelf gefokt." Ik vraag of hij ook de moeder op stal heeft. "Neeje, die he'k sjoars noaderhand al opgeruimd. Die was om den haverklap kreupel." Kijkend naar de paarden aan de stapmolen, waag ik dan de gok: "Als die poeders bij Tarzan niet zo goed meer helpen, zou je een zenuwsnede kunnen overwegen. Sommige paarden hebben daar baat bij." We maken een afspraak om de ruin nog dezelfde week te onderzoeken.

Verdoving
Bij dat onderzoek loopt Tarzan voorzichtig, een beetje stram eigenlijk. In de wendingen (bochten) is hij licht kreupel. Buigen en aanspannen van de voorhoeven doet hem pijn. Als je dat even volhoudt, is hij daarna kreupel. Na verdoving van de linker voorhoef loopt hij met het rechter voorbeen kreupel: doordat het pijngevoel links is uitgeschakeld, kan hij die hoef nu voluit belasten en zijn pijnlijk gebleven andere hoef ontzien. Dat verklaart de kreupelheid rechts. Als vervolgens ook de rechter hoef verdoofd is, lijkt Tarzan vijf jaar jonger: hij draaft als een speer en tilt zijn staart vrolijk omhoog: dat resultaat mag je straks ook van de zenuwsnede verwachten.

Operatie
Drie weken later volgt de operatie. De beide hoeven worden verdoofd en hij wordt suf gemaakt. Niet teveel want hij moet blijven staan tijdens de ingreep. Daarna wordt hij in een hoefstal gezet. Vroeger werd zo'n stal door de hoefsmid gebruikt bij het beslaan van de paarden. Het linker onderbeen bind ik vast op een balk opzij. De huid vlak boven de hoef wordt geschoren en ontsmet. De zenuwen zijn onder de huid te voelen. Uit elke zenuw snijd ik twee centimeter weg. De huidwondjes worden met een paar hechtingen gesloten. Klaar. Het been wordt losgemaakt en neergezet. Dan de rechterkant. Als daarna de beide hoeven weer op de grond staan, leg ik drukverbanden aan.

36

Hoefkatrol

Tarzan moet nu drie weken boxrust hebben en daarna drie weken weidegang. Pas dan mag hij opnieuw bereden worden.

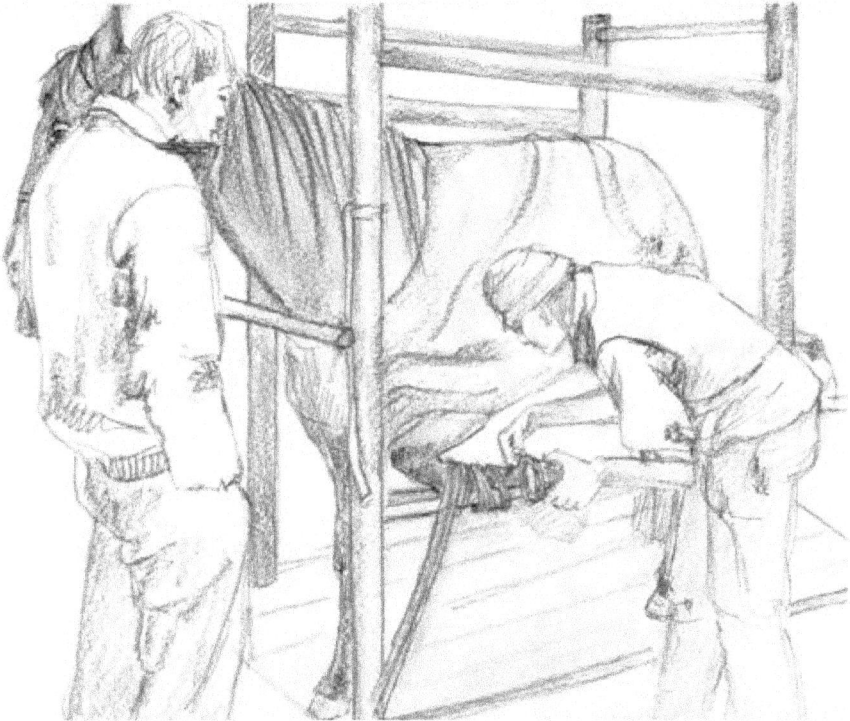

in de hoefstal met een opgebonden voorbeen

Afloop

Rien en Tarzan starten daarna weer op de concoursen en ze winnen weer. Het succes is zelfs nog groter dan tevoren. Maar dat blijft niet duren. Een jaar later wordt Tarzan opnieuw kreupel. "Hij heeft het weer." Deze keer is het Rien die belt. "Die zenuwen zijn zeker weer aan elkaar gegroeid?" Maar de achterste hoefhelft blijkt nog steeds gevoelloos. De oorzaak van de kreupelheid zit deze keer hoger, in de kogel. Als ik die verdoof, draaft Tarzan weer perfect.

Op de röntgenfoto's blijkt de botkwaliteit van de kogelkatrollen matig. Daarvoor is geen operatie mogelijk. Tarzan zal dus geslacht moeten worden. Toch hebben de eigenaar en zijn zoon geen spijt van de ingreep: het is nog een mooi jaar geweest. En niet alleen voor hen, maar ook voor Tarzan.

6. Dampig *(COPD)*

*Aan de zuidrand van de praktijk ligt Sint Michielsgestel. Een mooi
dorp aan de oevers van de Dommel met een golfbaan en enkele oude
landgoederen. Maar van het oude Gestel, zoals de oorspronkelijke
bewoners hun dorp noemen, en van het agrarische karakter is weinig
over. Het is een forensengemeente geworden die aansluit bij het
naastgelegen Vught. Boeren vind je alleen nog aan de rand van het
dorp. Maar er wonen wel een aantal paardenbezitters.*

Buiten in Brabant
Hier is een consult gevraagd voor een hoestend paard. Over het klin-
kerpad van de golfbaan rijd ik de verschillende holes en het clubge-
bouw voorbij dieper het park in. De weg is verder onverhard en de
ouderdom van de bomen indrukwekkend. Het is er zelfs stil: alleen
de verre dreun van de snelweg is te horen. In een bocht van de
Dommel ligt het witte landhuis met rieten dak. Eerst een afrastering,
dan het hek met daarop een bord: een waarschuwing voor de waakhonden. Daarnaast een knop. Die bedient ginds in het woonhuis een
bel. De poort wordt ontgrendeld en ik rijd tussen de grasvelden door
met hoge bomen. Links van het huis staat de stal. Als ik mijn laarzen
en een schone stofjas uit de auto pak, komt de eigenaar het huis uit
met twee hondjes, Jack Russels. De waakhonden blijven buiten
beeld. Hij is een heer op leeftijd, bijna tachtig. Ik krijg een joviale
hand.

Anamnese
De ziektegeschiedenis van dit paard is me bekend: ik ben hier al eerder geweest omdat de merrie vaak hoestte en benauwd werd. Terwijl
we even staan te praten, wordt ze ongeduldig en trapt tegen de on-
derdeur: ze wil aandacht en ze hoest. Met haar hoofd over de deur
kijkt ze naar de baas. Die aait haar vriendelijk over de neusrug. Het
paard werd in het verleden bereden door mevrouw, maar de merrie
mag nu in alle rust haar dagen slijten. Helaas is ze dampig. In medische taal lijdt ze aan COPD (Chronic Obstructive Pulmonary

Disease). Daarvoor is ze eerder met een aantal medicijnen behandeld om het slijm in de luchtwegen dunner te maken en de trilharen in de bronchiën te activeren; om de kramp rond de luchtpijpjes te verminderen en zo het ophoesten van vastzittend slijm te bevorderen. En ze kreeg een kuur met antibiotica. Al die medicijnen hebben de merrie meer lucht gegeven. Maar nu is de oude kwaal in volle hevigheid terug en de eigenaar wil haar graag nog eens behandeld zien.

Onderzoek
Dat hoesten is weinig krachtig; het klinkt bijna beschaafd. In de neus van het paard zit ook geen snot: de hoest 'zit vast' en is niet productief. Tijdens het uitademen trekken de buikspieren krachtig samen: dat wordt naknijpen genoemd. Het gebeurt zo krachtig dat de anus daarbij telkens naar achteren wordt geperst. Bij het inbrengen van de thermometer valt dat op. De merrie is benauwd. Bij het beluisteren van de longen hoor ik allerlei geluiden door slijm in de luchtwegen; bovendien knistert het onder m'n stethoscoop van het emfyseem. Dat zijn luchtbelletjes die zich in de borstholte bevinden, maar buiten de longen. Duizenden longblaasjes zijn gebarsten doordat ze overvuld zijn met lucht. Dat klinkt als een tegenspraak: benauwdheid door teveel lucht in de borstkas. Maar die luchtbelletjes doen niet mee aan de gaswisseling. Ze zitten maar in de weg. De oorzaak van de ellende bevindt zich vóór het paard in de ruif: ik trek een pluk hooi door de spijlen en een wolkje stof komt vrij. Dat prikkelt de luchtwegen voortdurend: hooistof.

Hooistof
Elke keer als de merrie een pluk van dit hooi uit de ruif trekt, ademt ze het vrijkomende stof in. Want die stofwolk ontstaat pal voor haar neus. Naast de stal liggen de pakken opgestapeld onder de hooimijt. Maar een teil met water staat er niet. Stoffig hooi moet buiten worden uitgeschud en dan ondergedompeld in water totdat geen luchtbellen meer opborrelen. Even met een gieter erover is onvoldoende.

Dampig

frisse lucht in de stal

Dat heb ik de vorige keer allemaal uitvoerig verteld. Maar de eigenaar zegt nu, wat schuldbewust, dat 'Twilight' eigenlijk nooit op die manier is gevoerd. Ze heeft sinds mijn vorige bezoek wel stipt alle medicijnen gekregen, maar ze heeft altijd hetzelfde stoffige hooi gehad. En zoals mensen met COPD die doorgaan met roken niet kunnen genezen, zullen ook paarden niet van hun benauwdheid en het hoesten afkomen als de prikkeling van hun luchtwegen blijft doorgaan. De oorzaak moet eerst worden weggenomen, pas daarna kunnen de medicijnen hun werk doen. Dat hooistof zijn in feite schimmels die bij het bewaren ontstaan wanneer het gras bij de hooiwinning onvoldoende is gedroogd. Tien dagen onafgebroken zonnig weer heb je nodig om goed paardenhooi te krijgen. Zelfs dauw is daarbij ongewenst. En hoe vaak tref je dat in Nederlandse zomers? Hooi dat hier is gewonnen wordt dus vaak 'stoffig'. Het product uit zuidelijke landen is in dit opzicht vaak beter van kwaliteit. Nog beter is het om paarden geen hooi te voeren maar kuilgras. Dat bevat weinig schimmels en heeft een hogere voedingswaarde doordat bij de winning minder blad verloren gaat. Maar kuilgras is koeienvoer. En welke rasechte paardenman geeft er nu koeienvoer aan zijn paard!

Stoppen met roken
Twilight is opnieuw behandeld, deze keer zonder antibiotica. Daarop is ze wel weer verbeterd, maar echt genezen is ze niet. Een jaar later moet ik komen om haar te laten inslapen. Ze is ernstig benauwd. Het emfyseem heeft zich verder uitgebreid en de slijmvliezen hebben een bedenkelijke blauwe kleur. Het blijkt dat ze ook na m'n tweede consult geen kuilgras heeft gekregen. Het aanwezige hooi moest eerst op. Maar ook sindsdien is dat hooi niet eerst ondergedompeld in een teil met water. Vreemd?
De stalhulp van deze bejaarde eigenaar is een echte paardenman. Hij is van kindsaf met paarden opgegroeid en weet echt wel hoe je een paard moet voeren. Thuis deed zijn vader dat altijd net zo. En wèrken dat die paarden toen deden! Van zonsopkomst tot zonsondergang.

Dampig

En nooit is er een paard dampig geweest, terwijl ze toch precies zo werden gevoerd. Daaraan kàn het dus absoluut niet liggen. En dat hoesten? Ach, meneer, iedereen hoest toch wel eens?
De stalknecht is een uitstekende en betrouwbare hulp. En wat doe je dan als eigenaar van tachtig? Hij is van de man afhankelijk.
Voor een echte paardenman is het eenvoudiger om zelf met roken te stoppen dan de voergewoonten voor zijn paarden te veranderen.

7. Infarctkoliek *(darminfarct)*

paard in doodsstrijd
(kunstwerk aan de gevel van een huis in Den Dungen)

44

Infarctkoliek

Een infarct is de verstopping van een kleine slagader. Het weefsel dat dan van bloedtoevoer wordt afgesloten, sterft af. Voorbeelden bij de mens zijn het hartinfarct en het herseninfarct; maar die komen bij dieren niet voor. Bij paarden kan wel een slagader naar de darm verstopt raken. Dat darminfarct veroorzaakt hevige buikpijn die koliek wordt genoemd. Bij zo'n infarctkoliek gaan paarden rollen van de pijn.

Wormlarven

Darminfarcten bij paarden worden veroorzaakt door de larven van een bepaalde worm (*Strongylus vulgaris*). De volwassen wormen bevinden zich in de darmen van het paard, maar de larven doorboren de darmwand en kruipen in de bloedvaten omhoog tot ze in de grote darmslagader terechtkomen. Dat is tegen de rug van het paard tussen de twee nieren. Daar verblijven ze een aantal maanden. Er ontstaat een knobbel in de wand van de slagader, die wormaneurysma wordt genoemd. Zo'n aneurysma wordt vaak groter dan een mannenvuist en kan soms uitgroeien tot het formaat van een kinderhoofd. De larven laten na enkele maanden los uit de slagaderwand en drijven met de bloedstroom mee terug naar de darm. Ze dringen daar weer door de darmwand heen; maar deze keer de andere kant op, de darm in. Daar ontwikkelen ze zich tot volwassen wormen. Ze paren en produceren dan eieren die met de mest op het gras komen. En zo begint een nieuwe besmettingsgolf voor de grazende paarden.

Darminfarct

Meestal verloopt deze narigheid ongemerkt voor de eigenaar. Maar soms laat uit het wormaneurysma een klont larven tegelijk los. Die loopt vast op een plek waar de vertakkingen van de darmslagaders kleiner worden; de bloedstroom stremt daar. Dat infarct blijft niet onopgemerkt want het paard krijgt heftige koliek. Het stort zich op de grond, rolt over zijn rug, slaat wild met benen en hoofd en is drijfnat bezweet; het ramt tegen muren en schotten, steunt en kreunt.

45

Het is vreselijk om aan te zien. Het dier kan zo razend tekeergaan dat het zichzelf beschadigt. Die koliekaanvallen kunnen zo plotseling opkomen dat je in de nabijheid van zo'n dier ook zelf niet veilig bent. Kleine darminfarcten kan een paard overleven; als een groter deel van de darm afsterft, volgt de dood. Die doodsstrijd duurt urenlang, soms wel een dag. Geen pijnstiller helpt; zelfs niet in de hoogste dosering. Je staat machteloos.

Preventie
De grote doorbraak in het voorkómen van infarctkolieken bij paarden was de ontdekking dat het medicijn avermectine niet alleen volwassen wormen in de darm doodt maar ook larven elders in het lichaam bijvoorbeeld in een wormaneurysma. Die vinding is voor paarden nog belangrijker geweest dan de ontdekking dat penicilline overal in het lichaam bacteriën kan doden. In de jaren negentig werden pasta's met een wormmiddel dat van avermectine was afgeleid, de nieuwe wormmiddelen voor paarden. Sindsdien is een infarctkoliek een zeldzaamheid geworden.

Onderzoek
In 1984 zijn die nieuwe wormmiddelen er nog niet. Tijdens de avonddienst krijg ik een oproep voor een paard met koliek. De merrie Olivia gaat als een dolle tekeer en druipt van het zweet. Het hart bonkt tegen m'n stethoscoop maar de buik is stil: geen darmgeruis te horen. Met mijn arm in haar achterste tast ik de ingewanden af terwijl ik achter het paard loop. Dat lopen is als afleiding en om de koliekaanvallen te zien aankomen zodat ik m'n arm nog kan terugtrekken voordat het paard zich ter aarde stort.

Wormaneurysma
Alle ingewanden bevinden zich op hun normale plaats: van een liggingsverandering, een slag in de darm, is geen sprake. Maar ver naar voren, met mijn arm tot de oksel in de endeldarm van de merrie,

Infarctkoliek

inwendig onderzoek

kom ik met m'n vingertoppen tegen een verdikking in de darmslagader. In die tijd hadden de meeste paarden zo'n wormaneurysma, ook
als ze regelmatig met een wormmiddel werden behandeld. Dan moet
ik als de bliksem met m'n arm uit de darm vanwege een volgende
koliekaanval. Ik spuit een pijnstiller in. Daarna moet er met de merrie
worden gestapt: dat bevordert de darmwerking en de bloedstroom.
Intussen gaat de pieper: ik moet naar een tweede paard met koliek.

Euthanasie
Na ongeveer een uur ben ik terug. De toestand van de merrie is rond-
uit beroerd: ze is suf en uitgedroogd door de inspanning en het zweten. Het oogslijmvlies is donkerpaars; de buik is dik maar doodstil:
de darm werkt niet meer.

Inwendig ligt alles nog op z'n normale plek. Het hart slaat snel en onregelmatig. "Dit houdt ze niet lang meer vol. Het hart kan dit niet meer aan". Er volgt weer een koliekaanval. Als uiterste pijnstiller heb ik nog morfinederivaten, maar ik betwijfel of ze zo'n injectie in deze conditie zal overleven. Wat vindt de eigenaar? "Gij moet doen wat het beste is." De toon is vlak maar de emotie is voelbaar. De merrie ligt vastgerold tegen de stalwand en kreunt. Ik vul de spuit. Haar bloed is dik en donker. Langzaam druk ik de spuit leeg in de ader. De adem stokt; het hart sputtert na; de oogreflex verdwijnt. De merrie is dood.

Dank

Een paar dagen later wordt thuis een prachtige vaas met bloemen bezorgd: 'Hartelijk bedankt voor de begeleiding van Olivia'. Dat is niet alleen aardig, het is groots: zo'n afloop en toch dank. Later hoor ik dat de eigenaar aan z'n vrouw en kinderen heeft gevraagd om ook voor hemzelf de hulp van de veearts in te roepen als het op een dag zover met hem is. Dat is het dierbaarste compliment dat ik voor m'n werk ooit heb gekregen.

8. Droes *(dikke lymfklieren)*

Bij paarden komen twee verschillende infectieziekten voor die allebei droes worden genoemd. Dat woord komt van het Duitse Drüse (klier), omdat bij allebei de lymfklieren ontstoken raken, vooral aan het hoofd. Goedaardige droes is hier inheems. Kwade droes komt in Europa al lang niet meer voor.

Kwade droes *(glanders)*

In de oorlog van 1914 tot 1918 werden enorme aantallen paarden gebruikt voor de cavalerie en het transport. Er vielen toen onder die dieren honderdduizenden slachtoffers door een uitbraak van kwade droes. De verwekker is een bacterie; maar er bestonden toen nog geen antibiotica. Het laatste geval van de ziekte in Nederland werd geregistreerd in 1927. In Duitsland en Polen werd kwade droes pas aan het eind van de jaren vijftig uitgeroeid. In het verre oosten is het nu nog inheems. Hoe frequent kwade droes onder Chinese paarden voorkomt, is niet bekend. Door de olympische spelen daar in 2008, met deelname door paarden van over de hele wereld, bestaat het risico dat de ziekte daarna ook in Europa opnieuw opduikt. Paarden die met kwade droes in contact zijn geweest, moeten in Nederland worden afgemaakt om de infectie buiten de deur te houden.

'Goedaardige' droes *(strangles)*

Tegenwoordig kennen wij hier alleen de goedaardige droes. De verwekker is een andere bacterie dan die van kwade droes. De goedaardige droes is alleen besmettelijk voor paarden, pony's en ezels; mensen lopen geen risico. Maar echt goedaardig is de ziekte niet: bij veulens en jonge paarden vallen elk jaar slachtoffers. De dieren krijgen hoge koorts en een paar dagen later gaan de lymfklieren ontsteken. Als die doorbreken en de etter vrijkomt, is het ergste leed geleden. Maar als de klieren aan beide kanten van de keel opzwellen, kan de droespatiënt erg benauwd worden. En als de abcessen niet naar buiten doorbreken maar de pus naar binnen slaat, dan onstaat de zogenoemde 'verslagen droes'. Die verloopt doorgaans dodelijk.

Vaccin

Paarden die met deze 'goedaardige' droesbacterie besmet zijn geweest, worden zelden voor een tweede keer ziek. Ze zijn immuun. Daarom ligt vaccinatie voor de hand. Maar het maken van een vaccin is niet eenvoudig. In de jaren zeventig was zo'n entstof al eens te koop, maar hij voldeed niet. In 2006 is opnieuw een droesvaccin op de markt gebracht, maar dat is al na enkele maanden weer teruggetrokken.

Manege

Een manegehouder meldt dat hij bij een jaarling droes heeft geconstateerd. Hij zegt dat niet met zoveel woorden, want hij zit al jaren in het vak en weet dat veel veeartsen er een hekel aan hebben als de diagnose door een 'leek' wordt gesteld. Maar z'n verhaal laat weinig ruimte voor twijfel. Het hengstje eet al een paar dagen niet meer. De keel is dik en hij snurkt bij het ademhalen. De man vreest voor problemen bij de pensionpaarden en voor de voortgang van de rijlessen. Bij een droesuitbraak kan het hele manegebedrijf wekenlang stil komen te liggen. De infectie verspreidt zich vrij langzaam door de stallen, maar uiteindelijk worden de meeste jongere paarden en pony's ziek. De dieren besmetten elkaar, maar de bacterie kan ook worden overgebracht met een besmet halster of gereedschap; of door mensenhanden.

Isoleren

Ik stel voor om de jaarling in de laatste box te zetten en een bak met een halamidoplossing voor de boxdeur. De laarzen van de verzorger en het gereedschap kunnen daarin worden ontsmet. De boxen ernaast en er tegenover moeten leeg blijven en nieuwsgierigen op afstand gehouden. Verder afwachten totdat ik ben geweest. Dat wordt pas aan het einde van de ochtendroute. Want daarna wil ik naar huis om te douchen en me te verkleden. Ik heb nog meer paardenvisites vandaag.

Droes

etter uit een droesabces aan de keel

Patiënt

Als ik aankom zijn een aantal tieners, vooral meisjes, bezig met rijden en het poetsen van de paarden en de pony's. En met kletsen. De patiënt staat achteraan met een ontsmettingsbak voor de boxdeur. Een touw over de voergang houdt iedereen op afstand. Ik krijg een stofjas van de manege. De jaarling staat met z'n hals pijnlijk gestrekt en snurkt. Uit z'n neus druppelt dikke snot. Achter de linker kaak zit een zwelling zo groot als een kokosnoot tot bijna bij z'n oor. Het voer in de bak heeft hij niet aangeraakt. De thermometer loopt op tot 40,8 graden. Voor een penicilline-injectie is het te laat: de rijping van het abces zou erdoor vertraagd worden maar niet genezen.

Openmaken van het abces met een scalpel is riskant: in het keelgebied lopen grote bloedvaten en zenuwen. Bovendien komt de spontane doorbraak er binnenkort aan: de zwelling wordt al zachter. Ik ga met m'n laarzen in de bak met de halamid-oplossing staan en ontsmet daarin ook de thermometer en m'n handen.

Aanpak

We lopen langs de overige boxen en stands. De paarden en pony's ogen fit en ze hebben normaal gegeten. Er is geen klierzwelling te zien. Maar dat zegt niet alles: ze moeten getemperatuurd worden; twee keer per dag, vier weken lang. Liefhebbers zijn er genoeg. Een meisje vertrekt voor de aanschaf van de nodige thermometers. Een ochtend- en avondploeg wordt geformeerd. Zodra een dier meer dan 38,5 °C scoort, word ik gebeld. Die krijgt dan twee penicilline-injecties: een snelwerkende en een langwerkende. Zolang de klieren nog niet zijn gezwollen, is de infectie zo effectief te bestrijden. Paarden die op deze manier behandeld moeten worden, mogen een week hun box niet uit. De andere kunnen gewoon gereden worden.

Verspreiding

De droespatiënt stond aanvankelijk tussen de pony's. Bovendien is hij elke dag losgelaten in de buitenbak samen met andere paarden. Er moeten dus meer besmette dieren zijn. Maar die middag word ik niet gebeld en ook de volgende dag is er geen bericht van de manege. Zou er al eerder een droesinfectie zijn geweest en zijn alle dieren daar immuun?
Maar de derde dag hebben twee pony's koorts. Aan de dieren is niks te zien: ze zijn levendig en hebben normaal gegeten. Toch geeft de thermometer veertig graden aan. Ze krijgen een injectie met penicilline in elke bil. Het langwerkende preparaat veroorzaakt zwelling en diep in de bilspier heeft het paard daarvan de minste last. In de weken daarna moet ik nog een pony en vier paarden behandelen. Daarna wordt er geen koorts meer gemeten.

Droes

injectie in de bil

Afloop
Aan de behandelde dieren is niks afwijkends te zien geweest. De droespatiënt is na drie weken vrijwel genezen: hij eet normaal en is levendig. Maar er komen dan nog enkele druppels vocht uit de knobbel aan z'n keel. En daarin zitten droesbacillen. Hij moet daarom wel nog enkele weken apart blijven staan.
De manege heeft intussen vrijwel normaal kunnen functioneren.

9. Klophengst

Niet iedereen zal weten wat een klophengst is. Van Dale zegt:
1. 'hengst die men, door het verbrijzelen van de teelballen met een
houten hamer, ongeschikt maakt voor de voortteling.' M'n maag
trekt samen als ik het lees. De hengst wèrd dus geklopt. Gelukkig is
die wrede manier van castreren al meer dan een halve eeuw verla-
ten.
2. 'hengst waarbij een der of beide ballen niet in de balzak hangen,
maar in de buikholte achtergebleven zijn'. Het woord wordt nu uit-
sluitend nog in deze tweede betekenis gebruikt. Bij een klophengst
bevindt zich in de balzak dus maar één teelbal. De afwijking met een
balzak zonder teelballen komt zelden of nooit voor.

Hormoon en zaad
Bij het volwassen worden, krijgt de teelbal twee taken: hij moet zowel mannelijk geslachtshormoon als zaad gaan produceren. Door dat
hormoon ontstaan de mannelijke lichaamskenmerken en het macho-
gedrag met de drift tot paren. Het zaad verzorgt de voortplanting.
Een teelbal die in de buikholte achterblijft, gaat wel mannelijk hormoon produceren maar hij levert geen zaad. Dus als bij een klophengst de ene teelbal die zich in de balzak bevindt, wordt verwijderd
maar de andere blijft in de buikholte achter dan vertoont het dier
daarna nog steeds machogedrag doordat er nog altijd mannelijk geslachtshormoon door zijn bloed blijft stromen. Hij zal dus ook heng-
stige merries dekken. Maar die merries worden niet drachtig want de
bal die bij hem in de buikholte achterbleef, produceert geen zaad.
Waarom geen zaad? Omdat de temperatuur in de buikholte daarvoor
te hoog is. Bij 38° en meer worden teelballen steriel. Daarom hangen
ze in de normale situatie dus buiten de buik in de balzak.

Onderzoek
Voordat je aan een castratie begint, is onderzoek van de balzak gewenst om te zien en te voelen of beide ballen daar aanwezig zijn.

Als één bal nog in de buik zit, zal bij de operatie de buikholte geopend moeten worden en dat is bij paarden een delicate zaak, want ze
zijn zeer gevoelig voor het ontstaan van buikvliesontsteking. Bij zo'n
onderzoek kan ook blijken dat er in de balzak niet te weinig aanwezig is maar teveel. Bij een lies- of zakbreuk kunnen in de balzak behalve de teelballen, ook darmen zitten. Bij castratie van zo'n hengst
kunnen z'n darmen op de grond terechtkomen. Dat is voor het paard
einde verhaal en voor de castreur het begin van veel ellende. Een
goed voorafgaand onderzoek heeft dus zijn voordelen.

Teelbal vermist
Het is even zoeken naar het adres. De woning ligt in het bos. Ik maak
kennis met twee broers, de eigenaren van de hengst. Dat blijkt een
paard van het Gelderse type. Om tussen de achterbenen naar de inhoud van de balzak te voelen ga ik naast het voorbeen staan. Je moet
van daaruit wel ver vooroverbuigen, maar je staat er betrekkelijk
veilig. Betrekkelijk, want een paard kan met zijn achterbeen ook naar
voren een trap geven. De zaak, of liever de zak, blijkt niet in orde: hij
bevat maar één bal. Met gestrekte vingers probeer ik om hoog in de
lies de tweede teelbal aan te tippen. Maar nee, daar is geen bal te
bereiken. Aanvullend onderzoek is gewenst. De hengst krijgt daarvoor een spuitje met een kalmerend middel. Dat werkt ook spierver-
slappend. Een opgetrokken teelbal kan dan alsnog afzakken in de
balzak. Dat optrekken kan een gevolg zijn van mijn koude handen:
bij dit onderzoek is een paard daar niet blij mee. Omdat het spuitje
even moet inwerken, is er tijd voor een 'tas' koffie. Is er dan koffie?
In dit deel van Noord-Brabant is er altijd koffie: zelfs na nachtelijke
arbeid wordt er in de kleine uurtjes nog koffie gedronken. Daarna
gaan we terug naar de hengst. Die kijkt slaperig en heeft weinig interesse voor mijn acties. Maar aan de linkerkant is ook nu geen bal te
vinden.

Klophengst

Overleggen
Mijn voorstel om de operatie in de kliniek in Utrecht te laten uitvoeren valt niet in goede aarde. "Kunde gij dat niet zelf?" Het klinkt niet als een vraag maar als een verwijt. Jawel, ik heb daar wel enige ervaring in, maar de steriliteit is in een operatiekamer beter dan buiten op het gras. Vandaar. Ze beschouwen dit overduidelijk als een smoes: hij kan niet castreren maar wil dat niet toegeven. Dus beschrijf ik de risico's van een buikoperatie wat uitgebreider en herhaal mijn advies. Zonder succes. Integendeel: het wantrouwen groeit. Kan deze veearts wel een hengst 'snijden'? Een imagoprobleem dreigt. In feite is het er al. En deze mannen zijn ruiters en lid van de landelijke rijvereniging 'De Cowboys'. Dit voorval zal in de club niet onbesproken blijven. Want overal wordt wel gekletst maar nergens zoveel als in de paardenwereld. Ik kan praten als Brugman: hun hengst moet gewoon gecastreerd worden en verder geen gelul. Vooruit dan maar: morgenmiddag om twee uur. Vijf man hulp heb ik daarbij nodig, en sterke kerels graag; vier lange touwen, twee emmers water, een paar handdoeken en wat jutezakken. De hengst moet nu op stal blijven en mag niet eten. Neerleggen met een volle buik geeft risico's. Ik geef hem vast antibiotica. Tot morgen dan maar.

Neerleggen
De volgende middag is iedereen present als ik aankom. Eerst krijgt de hengst, nog op stal, een spuitje met een kalmeringsmiddel. Dan gaan we met z'n zessen naar een grasveldje tussen de bomen. Daar leg ik alles klaar en ik leg uit wat er gaat gebeuren. De hengst moet op zijn rechter zij komen te liggen. De sterkste man houdt hem vast aan het hoofd. Twee kerels krijgen het touw door de kluisters aan de vier voeten en zij moeten die dadelijk onder hem uit trekken naar de linkerkant. De vierde man neemt de lijn die hoog aan het linker voorbeen wordt vastgemaakt en over het paard naar de rechterkant loopt. Als hij daaraan trekt, zal het dier op zijn rechter zijkant vallen. De vijfde man trekt aan de staart, eveneens naar rechts.

Dan komt de patiënt struikelend de stal uit met het hoofd laag en zijn penis buitenboord. Een lange naald komt in de halsader voor het infuus: een halve liter chloralhydraat. Dat is een ouderwets narcosemiddel, maar betrouwbaar en niet duur. Als de hengst wankelt, tel ik tot drie en dan wordt er door de mannen tegelijk getrokken. "Je hele gewicht op het hoofd. En jullie: blijf trekken!"
Ik controleer of de naald nog goed in de ader zit en sluit het infuus weer aan.

neerleggen van het paard

Narcose
Het verzet verflauwt en als de fles leeg is, ligt de patiënt stil. Drie benen blijven in de kluisters. Alleen het bovenliggende linker achterbeen wordt omhoog uitgebonden om zo de lies voor de operatie bereikbaar te maken.

58

Klophengst

Ik stop de opgevouwen jutezakken onder het rechter voorbeen omdat
hoog aan de buitenkant van het voorbeen een zenuw vlak onder de
huid ligt. De druk van het lichaamsgewicht kan die afklemmen. Als
de operatie wat langer duurt, kan daardoor een verlamming ontstaan.
De linker lies en de balzak worden geschoren, ontsmet en verdoofd.
In de bil krijgt hij weer injecties met antibiotica. Op een steriel stuk
plastic op de grond achter het paard leg ik de instrumenten. Dan ga
ik m'n handen wassen boven de emmer en ik doe steriele handschoenen aan. De operatie kan nu beginnen. Drie helpers gaan naar huis.
De lucht begint te betrekken.

klaar voor castratie; in de balzak zit maar één teelbal

Castratie

Op m'n knieën zit ik tegen de kont van het paard. Het mes is alleen
nodig voor de snee door de huid. Verder is het vingerwerk vanwege
de grote bloedvaten en zenuwen in dit gebied. Via het lieskanaal
wordt op een zwak plekje het buikvlies met de wijsvinger doorboord.
De verborgen testikel ligt dan 'om de hoek'. Het is een sponzig, slap
balletje, niet groter dan een walnoot en met net zo'n onregelmatig
oppervlak. Als ik een kneustang op de zaadstreng zet, begint het te
regenen. De zaadstreng wordt onderbonden en de teelbal verwijderd.
Dan begint het te gieten. De overgebleven helpers trekken zich terug
in de auto: "Ge roept mar as ge ons nodig het." De buikholte moet
vlug worden dichtgehecht. Het regenwater stroomt neer op de pati-
ent. In de bovenliggende, net geopereerde lies vormt zich een plas
water.
De rechter teelbal is zo groot als een mannenvuist. Die castreer ik
bedekt. Dat wil zeggen: het buikvlies blijft de zaadstreng bedekken.
Dus de buikholte wordt aan deze kant niet geopend. Daarom laat ik
de kneustang wel tien minuten op de dikke zaadstreng zitten. Dat
duurt altijd al lang maar nu, in de stromende regen, is dat een eeu-
wigheid. Rondom en onder het paard staat een grote plas water. De
regen dringt door m'n ondergoed heen en ik krijg het koud. Maar dan
wordt de bui minder en als de operatie klaar is, klaart ook het weer
op. Als ik opsta, staat het water in m'n laarzen. Gauw alle touwen los
en de kluisters af. De jutezakken vis ik onder zijn voorbeen vandaan.

Recovery

Maar de kersverse ruin maakt geen aanstalten om op te staan. Hij is
nog diep in slaap. Door al dat water op en onder zijn lijf is hij afge-
koeld. Zelf sta ik te rillen en ik droog me zoveel mogelijk af. Maar
hij ligt daar doodstil in die plas. Hoeveel van die regen zou er in z'n
buik zijn gelopen voordat ik die helemaal had dichtgehecht? En hoe
steriel is regenwater? Ik krijg er een akelig gevoel bij in m'n buik.
Als ik z'n lichaamstemperatuur wil meten, komt het kwik van de

thermometer niet in beeld op de schaalverdeling, ook niet als ik hem vijf minuten in de endeldarm heb gehouden. Zijn temperatuur is dus minder dan 35°. Normaal is voor een paard 37,5 tot 38°. En de hoeveelheid narcosemiddel die nodig is voor bewusteloosheid hangt af van het lichaamsgewicht en van de stofwisseling, die wordt weergegeven door de lichaamstemperatuur: hoe lager de temperatuur hoe minder narcosemiddel nodig is voor bewusteloosheid. Dit paard heeft nu door zijn onderkoeling van minstens drie graden dus minimaal dertig procent teveel chloralhydraat in zijn lijf en daardoor wil hij niet wakker worden. We trekken hem met z'n drieën een stukje opzij naar een drogere plek en proberen hem met de handdoeken droog te wrijven. Zijn huid is steenkoud. Verder kunnen we alleen afwachten. Het wordt al etenstijd en de mannen willen naar huis.

Verlamming
Maar ik had toch gezegd dat dit een veel 'zwaardere' operatie zou worden dan een gewone castratie? Nou dan! Intussen ben ik er zelf allerminst gerust op. Tegen zeven uur, drie uur na het einde van de ingreep, wordt het paard eindelijk wakker en hij probeert op te staan. Maar dat blijkt een probleem: hij zakt door z'n rechter voorbeen, want hij kan dat been niet strekken. De zenuw die deze spieren moet aansturen is uitgevallen. Dat heet, in medische taal, een radialis-paralyse: zijn lichaamsgewicht heeft de onderliggende zenuw bekneld doordat ik na de ingreep het kussentje van jutezakken onder het voorbeen heb weggehaald. Normaal staat een patiënt kort daarna op; maar dit paard is de hele middag blijven liggen. Met veel moeite loodsen we hem tenslotte voorzichtig de stal in.

Afloop
Gelukkig kan ik nu zelf naar huis om onder de douche op te warmen en om te eten. Ik heb vanavond geen dienst en kan vannacht dus lekker blijven liggen. Nog twee dagen ga ik terug naar dit paard voor de nabehandeling met antibiotica en ontstekingsremmers.

Gelukkig laat de natuur zich weer van haar milde kant zien: hij krijgt geen koorts en weinig wondzwelling. Ook het voorbeen begint hij al gauw weer normaal te gebruiken. Een paar maanden later wordt hij zadelmak gemaakt en mag hij mee naar de rijvereniging. Daarna is hij ruim vijftien jaar in de landelijke ruitersport actief geweest.

Maar als ik sindsdien een operatie afspreek in de openlucht maak ik altijd het voorbehoud 'als het niet regent'. Dan valt er een stilte. Niemand heeft het ooit gezegd, maar ze vinden het wel vreemd: Een veearts die alleen bij mooi weer buiten wil werken!

10. Lang castreren *(koopvernietigend gebrek)*

De teelballen van volwassen mannetjes hebben een dubbele functie:
ze produceren zowel zaad als testosteron (mannelijk geslachtshor-
moon). Door castratie (de operatieve verwijdering van de teelballen)
verdwijnen beide functies: castraten zijn onvruchtbaar doordat de
zaadproductie wegvalt en hun paringsdrift verdwijnt doordat de tes-
tosteronproductie stopt.

Zaadstreng
Bij castratie behoren beide teelballen in hun geheel te worden verwijderd, elk met de daarbij behorende bijbal. Bij die ingreep moeten
de beide zaadstrengen (ruim) boven de teelballen worden doorgesne-
den. Laat je daarbij een of beide zaadstrengen te lang en blijft er een
stukje teelbal achter in de balzak van het dier, dan zijn daarna wel de
beide afvoerbuizen voor het sperma (zaad) afgesneden en kan de ruin
(gecastreerde hengst) dus geen merries meer bevruchten. Maar het
achtergebleven stukje teelbal zal testosteron blijven produceren. En
dat wordt niet via de zaadstreng afgevoerd maar het komt in de
bloedbaan. Daardoor zal zo'n onvolledig gecastreerd dier nog steeds
merries willen dekken. En ook al worden die daarvan niet meer
drachtig, zo'n deklustig dier is lastig tussen andere paarden, bijvoorbeeld bij de rijvereniging of op een concours hippique.

Springpaard
Een jonge rijpaardhengst wordt op de stamboekkeuring afgekeurd als
dekhengst. Toch zijn zowel zijn vader als beide grootvaders gerenommeerde springpaarden. Bovendien heeft zijn moeder veel prijzen
gewonnen op locale springconcoursen. Daarom wil de eigenaar vol-
gend jaar nog eens proberen om deze hengst voor de dekdienst goed-
gekeurd te krijgen bij het stamboek. Als het dier intussen zelf aan-
sprekende resultaten behaalt in de springsport zal dat zijn kansen
aanzienlijk vergroten. Daarom zal hij het komende jaar worden uit-
gebracht op wedstrijden en voorlopig dus niet gecastreerd worden.

rijpaardhengst

Lang castreren

Concours hippique

Op de eerste concoursen verloopt alles naar wens: hij springt patent en is niet lastig tussen alle andere paarden. Maar dat verandert als één van de deelnemende merries hengstig is. De hengst wordt plotseling onhandelbaar en wil de merrie dekken. In de drukte van het evenement met veel publiek en honderden deelnemende paarden veroorzaakt dat op zichzelf al grote consternatie. Maar erger is dat op de rug van die merrie een amazone zit op het moment dat de hengst het dier wil bespringen. Hij komt op zijn achterbenen en brullend op haar af met zijn penis in erectie en ze krijgt de schrik van haar leven. Het loopt gelukkig allemaal goed af. Maar sindsdien is het helemaal mis met de hengst: hij is wakker geworden en niet langer te hanteren tussen andere paarden. Er wordt een afspraak gemaakt voor castratie.

Staande castratie

In zijn balzak hangen twee vuistdikke teelballen. Hij krijgt een kalmeringsspuit en een praam op de bovenlip. Daarna wordt hij plaatselijk verdoofd met enkele injecties in de balzak. Dat prikken hoog tussen zijn achterbenen is het meest riskante deel van de ingreep. Vervolgens wordt de huid daar ontsmet. Dan is het handen wassen, operatiehandschoenen aan en snijden. De eerste teelbal zakt omlaag aan de zaadstreng. Ik duw de omringende weefsels met m'n ene hand omhoog en breng met de andere de kneustang aan. Als ik daarna met twee handen de tang krachtig dichtknijp, kraakt de zaadstreng in de stalen bek. Een goede verdoving is dus nodig: niet alleen uit diervriendelijkheid voor de hengst maar ook voor de veiligheid van de castreur. Want die bevindt zich intussen binnen het bereik van de achterbenen. Dat krachtige kneuzen en het daaropvolgende onderbinden van de zaadstreng is noodzakelijk om bloedingen te voorkomen na de amputatie van de teelbal. Dan volgt de andere kant en daarna controleer ik of de geamputeerde teelballen allebei compleet zijn. De wonden in de balzak worden niet gehecht om stuwing door wondvocht te voorkomen. Het paard krijgt pijnstillers en antibiotica; ook de daaropvolgende dagen.

65

staande castratie van een jaarling

Lang castreren

Aansprakelijkheid

Enkele maanden later gedraagt de ruin zich echter nog steeds als hengst: hij bespringt niet alleen merries als hij de kans krijgt, maar hij dekt ze ook daadwerkelijk. De merries kunnen daarvan niet drachtig worden, maar dit gedrag geeft problemen na een eventuele verkoop. Zo'n ruin zal worden aangemerkt als 'te lang gecastreerd'. Dat is een 'koopvernietigend gebrek': de verkoper moet het paard terugnemen, de koopsom terugbetalen en eventuele gevolgschade voor zijn rekening nemen. Die rekening zal vervolgens ongetwijfeld worden gepresenteerd aan de castreur die de ingreep heeft uitgevoerd. Hij is wettelijk aansprakelijk voor de schade als hij de operatie niet volgens de gangbare regels van het vak heeft uitgevoerd.

Hormoonstimulatie

Na een correcte castratie daalt de testosteronspiegel in het bloed al snel van het hengstenniveau naar vrijwel nul. Dat gebeurt niet als bij de operatie een stukje teelbalweefsel is achtergebleven. De uitslag van bloedonderzoek op de aanwezigheid van mannelijk geslachtshormoon wordt dan dubieus: de bloedspiegel daalt wel, maar niet tot nul. Er bestaat een hormonaal kunstje om vast te stellen of na de castratie nog teelbalweefsel is achtergebleven in het lichaam van het geopereerde dier. Daarvoor neem je eerst een bloedmonster af. Daarna spuit je in de bloedbaan een flinke dosis HCG (Human Chorion-Gonadotropine). Dat hormoon stimuleert het eventueel nog aanwezige teelbalweefsel om testosteron te produceren. Als een ruin te lang gecastreerd is en nog beschikt over een stukje teelbal, zal na zo'n injectie de testosteronspiegel in het bloed dus gaan stijgen. Enkele uren later neem je een tweede bloedmonster af en in het laboratorium wordt de eventuele stijging van de testosteronspiegel dan gemeten.

Aangeleerd gedrag

Bij deze ruin is de testosteronspiegel in beide bloedmonsters nagenoeg gelijk aan nul; van stijging is geen sprake.

Het dier is dus correct gecastreerd. Zijn gedrag moet worden verklaard door de jarenlange aanwezigheid van mannelijk geslachtshormoon in z'n bloed. Dat heeft in de hersens sporen nagelaten en zijn gedrag wellicht blijvend beïnvloed. Hengsten die al vóór hun puberteit worden gecastreerd, ontwikkelen dat macho-gedrag niet. Bij het paard begint de puberteit op een leeftijd van twee jaar. Dus als een hengstveulen niet voor de fokkerij in aanmerking komt, kan hij het beste worden gecastreerd voordat hij twee jaar oud wordt: dus als jaarling.

Lichaamsgrootte

In de paardenwereld heerst echter het misverstand dat hengsten die al jong gecastreerd worden daardoor kleiner zouden blijven. Het tegendeel is het geval: vroegtijdig gecastreerde mannelijke dieren worden juist groter. De verklaring hiervoor is dat testosteron de lengtegroei van de botten remt. Door de castratie als jaarling komt de testosteronproductie nooit op gang. De botgroei wordt dan niet afgeremd en hengsten die al jong zijn gecastreerd, worden daardoor groter dan dieren die niet of pas op latere leeftijd worden gecastreerd. Bovendien verloopt de ingreep bij jeugdige dieren met minder complicaties en herstellen ze na de operatie sneller.

Conclusie

Castratie op jeugdige leeftijd heeft diverse voordelen: de ruin heeft geen hengstenstreken, hij wordt groter en de ingreep geeft minder complicaties. Dat was in het oude China al bekend: voor de dienst als eunuch aan het keizerlijke hof werden de jongetjes al heel vroeg gecastreerd.

11. Padhengst *(dekhengst op pad)*

Het woord padhengst staat niet in de nieuwe Van Dale. Het gebruik om met dekhengsten op pad te gaan naar de merriehouders is dan ook nagenoeg verdwenen sinds in de jaren negentig de kunstmatige inseminatie bij paarden gebruikelijk is geworden. Voordien reden de hengstenhouders gedurende het dekseizoen elke dag rond door de regio met hun hengsten op de vrachtauto om de merries op de natuurlijke manier te laten dekken aan huis. Dat wil zeggen: achter het huis. Want in Nederland is een wet die zegt dat zulke acties niet zichtbaar mogen zijn vanaf de openbare weg. U bent dus gewaarschuwd.

Schouwen
De hengstigheid van de merrie is haar bereidheid tot paren. In elke cyclus is dat een paar dagen. De seksuele cyclus duurt bij de merrie drie weken. Maar zij is een 'season breeder'. Het seizoen dat merries hengstig worden, reikt ruwweg van maart tot september. Daarbij is hun vruchtbaarheid het grootst in de maanden mei en juni en omvat dus niet meer dan drie of vier cycli. Als fokker mag je de hengstigheid van je merrie dus niet over het hoofd zien. De beste manier om die te ontdekken is door de merrie te schouwen. Dat wil zeggen haar gedrag aanschouwen terwijl ze in de nabijheid wordt gebracht van een hengst. Haar bereidheid tot paren toont ze dan o.a. door herhaaldelijk te plassen. Is die bereidheid er niet dan gedraagt ze zich agressief naar de hengst en 'slaat ze hem af.' Van oudsher is dat schouwen de taak van de hengstenhouder. Bij gebleken hengstigheid kon die zijn dekhengst dan meteen tot actie laten overgaan. Maar sinds de natuurlijke dekking is vervangen door de kunstmatige inseminatie (KI) blijven de hengsten thuis en worden nog maar weinig merries geschouwd. Voor de fokkerij is dat een slechte zaak. Want hoe moeten de merries hun bereidheid tot paren tonen als er in geen velden of wegen een mannelijke partner te zien is?

Veterinaire Verhalen over Paarden

Schouwhengst

Sommige fokkers hebben daarom zelf een schouwhengst aangeschaft. Dat is een hengst die wel de avances naar de merrie mag maken maar die haar niet mag dekken. Een miserabele taak eigenlijk, want als ze niet tot paren bereid is dan krijgt hij de trappen waarmee ze dat duidelijk maakt. En als ze wel gedekt wil worden, moet hij de beurt aan een andere hengst laten van wie de fokker een veulen wenst.

Het werk van de schouwhengst heeft voor de fokkerij nog een tweede voordeel: het bevordert ook de vruchtbaarheid van de merrie. Zijn nabijheid en avances stimuleren de hormoonproductie bij de merrie en bevorderen zo de rijping van een eitje in haar eierstok en de eisprong. Vooral in het vroege voorjaar is dat van belang: bij veel merries blijft tijdens de eerste cycli van het seizoen de eisprong achterwege. Natuurlijk dekken en KI hebben dan geen zin omdat zonder eitje geen bevruchting kan plaatsvinden. Kostbaar sperma wordt dan verknoeid. Want voor de betere rijpaardhengsten betaal je al gauw twaalfhonderd euro dekgeld, voor de toppers nog meer. Dat is niet de prijs voor één dekking of voor één buisje sperma: indien nodig worden de dekking of inseminatie herhaald tegen beperkte meerkosten. Want door één keer dekken of insemineren wordt gemiddeld maar iets meer dan de helft van de merries drachtig.

Kunstmatig insemineren

KI is bij koeien al langer gebruikelijk. In de jaren vijftig werd dit het belangrijkste wapen in de strijd tegen brucellose. Dat is een dekinfectie die bij het rund abortus veroorzaakt, maar die ook voor de mens besmettelijk is. Nee, niet als geslachtsziekte, maar toch heel hinderlijk en in een enkel geval zelfs dodelijk. Het laatst bekende geval van brucellose bij de mens in Nederland dateert van 1991. De rundveestapel in Nederland is nu vrij van brucellose. Maar bijvoorbeeld in België is de infectie nog niet uitgeroeid.

Padhengst

Twintig jaar geleden moest er ook een dek-infectie bij paarden aan te pas komen voordat het onderzoek naar KI bij deze diersoort in een stroomversnelling kwam. Bij het paard was dat geen brucellose, maar het werd CEM genoemd (Contagious Equine Metritis). Het betekende in korte tijd het einde van de natuurlijke dekking in de paardenfokkerij en dus ook het einde van de padhengst. De hengstenhouders rijden nu in hun personenauto's naar de klanten met in de kofferbak een koelbox met buisjes hengstensperma. Meestal wordt dat dezelfde ochtend gewonnen op het hengstenstation waar de dieren gestald staan. Van enkele hengsten is het sperma ingevroren, bijvoorbeeld als ze voor wedstrijden in het buitenland zijn. De merries worden voortaan in de eigen stal geïnsemineerd en ze krijgen geen hengst meer te zien.

Natuurlijk dekken

In de jaren tachtig is het nog niet zover. Het is lente en Patricia is hengstig. De hengstenhouder is vroeg gebeld, want anders is hij al op pad met zijn vrachtauto. In deze tijd van het jaar betekent dat een pad van een paar honderd kilometer. Met behulp van de autotelefoon (GSM komt pas later) kan hij wel worden nagebeld, maar als hij in Zuid-Limburg zit, wordt hij niet vrolijk van een omweg over Den Dungen in Noord-Brabant. Het is koffietijd als de vrachtauto stopt op de parkeerplaats naast het bedrijf. Als de motor stilvalt, klinkt luid gestommel en gehinnik uit de laadbak. De baas en zijn knechts komen uit de kantine naar buiten om te kijken wat er aan de hand is. De laadklep gaat omlaag en de dekhengst komt naar beneden gestommeld. Hij richt zich hoog op, spert ogen en neusgaten wijd open en stoot zijn adem uit als een blaasbalg. Hij hinnikt dat het tot ver in de straat davert en draait ongeduldig rond aan zijn halstertouw: waar is nou die merrie? Want hij weet goed waarvoor hij van de auto wordt gehaald. Hij danst over het pad naar achteren naar de stal, het hoofd hoog geheven, de hals trots gebogen: een toonbeeld van mannelijke kracht en majesteit.

71

Bevruchten

De populaire hengsten hebben het druk in deze tijd van het jaar: ze krijgen vijf en meer, soms tot tien merries per dag te dekken. En dat gaat een paar maanden door, elke dag. Het kan rond koffietijd dus misschien al het derde werkadres zijn voor een dekhengst. Ondanks zoveel seksuele activiteit verflauwt zijn deklust weinig. Alleen het aantal zaadcellen dat hij per sprong produceert op zo'n dag wordt bij elke volgende dekking ongeveer gehalveerd. Het mag dus niet verbazen dat er ook enkele 'terugkomers' zullen zijn onder de merries die hij bedient: degene die later op de dag aan de beurt komen, krijgen heel wat minder dan de volle laag.

natuurlijke dekking

72

Ander werk
Bij zijn aftocht, vijf minuten na zijn karwei, is de hengst een stuk
rustiger. Als de vrachtauto vertrekt, zegt de baas tegen zijn knechts:
"Kijk, zo zouden jullie 's morgens nou ook naar je werk moeten komen." Hij krijgt direct antwoord: "Dè kan, mar dan moette gij ons
wel ander werk geve".

12. Paardenverlossing *(veulen in hurkzit)*

Bij de geboorte van een veulen komen niet vaak complicaties voor. Dat is maar goed ook want de merrie perst bij de bevalling met grote kracht. Bij een afwijkende ligging van het veulen heeft dat vaak een ravage van de geboorteweg en soms de dood van het veulen tot gevolg. De merrie perst het veulen desnoods naast de schede of door de endeldarm en anus naar buiten. Bij een afwijkende ligging moet dus snel worden ingegrepen.

Bewakingsapparatuur

De geboorte van een veulen duurt maar even: in een normaal geval is het een kwestie van een tiental minuten. Om bij een veulengeboorte op tijd aanwezig te kunnen zijn, is er allerlei bewakingsapparatuur ontwikkeld: camera's in de stal met monitoren in de slaapkamer van de eigenaar en elders. Apparatuur die alarm slaat als de merrie gaat liggen of als ze begint te zweten. Een sensor in de schede die op het vruchtwater reageert wordt ook toegepast. Fokkers zetten soms hun bed in de stal om er op tijd bij te zijn als hun merrie gaat veulenen.

Handen thuis

Bij een normale paardenbevalling is trekken aan de benen van het veulen niet nodig. De persweeën van het moederdier zijn krachtig genoeg. Dat geldt althans voor rijpaarden en andere zogenaamde warmbloeden. Voor trekpaarden en Shetlandpony's, zogenoemde koudbloeden, is dat een ander verhaal. Bij het begin van de bevalling controleer je of de ligging van het veulen normaal is. In dat geval doe je vervolgens niks. Op z'n Brabants gezegd: ga dan maar terug-staan. Alleen als je een afwijkende ligging vaststelt, moet je ingrijpen. En daarbij moet je dan snel en doortastend zijn. Maar bij een normale bevalling trekken, houdt het risico in dat je bij het veulen een hurkzit veroorzaakt. Als je aan de voorbenen gaat trekken voordat het draaien en strekken van het achterlijf in de baarmoeder is voltooid, kun je de achterhoefjes van het veulen in het bekken van de merrie trekken en zo het strekken van de achterbenen blokkeren.

Paardenverlossing

Draaien en strekken

Voordat het geboorteproces begint, ligt het veulen op zijn rug in de baarmoeder met vier benen opgevouwen op z'n buik. Als de uitdrijving begint, moet het om zijn lengteas draaien naar buikligging. Daarbij worden eerst de voorbenen gestrekt. Als die met het hoofd en de hals door het bekken van de merrie schuiven, strekken zich vervolgens ook de achterbenen. Maar als bij de draaiing van het veulen om zijn lengteas de hoefjes van de dan nog gebogen achterbenen in het bekken van de merrie terechtkomen, ontstaat een hurkzit. In die houding kan een veulen het merriebekken niet passeren: de lange pijpen van de achterbenen komen dan verticaal voor de bekkeningang te staan. Trekken, hoe hard ook, verandert daar niks aan. De achterbenen moeten worden gestrekt voordat het veulen er door kan.

Alarm

In het pension staat een dertigtal paarden en pony's. Vooral meisjes komen er rijden, poetsen en kletsen. De naderende geboorte van een veulen houdt hier de gemoederen danig bezig. Waakzame ogen zijn tot laat in de avond in de stallen aanwezig. Als de merrie eindelijk aanstalten maakt om met bevallen te beginnen, gaat het menselijke alarmsysteem op volle toeren draaien: er wordt druk getelefoneerd en binnen enkele minuten stroomt de stal vol met nieuwsgierigen. Als de merrie gaat liggen en de vruchtblaas in de geboorteweg verschijnt, staan rond de paardenbox tientallen nieuwsgierige meiden.

Trekken

De pensionhouder neemt de leiding. Hij breekt de vliezen, schuift touwtjes over de hoeven van het veulen en rond de onderbenen en begint te trekken. De voorbenen en het hoofd komen vlot naar buiten; de lange hals volgt en het veulen geeft tekenen van leven. Maar als ook de borst voor de helft is geboren, stagneert de bevalling. De merrie perst krachtig en glimt van het zweet maar het veulen komt niet meer verder; het zit vast.

Het spert de neusgaten wijd open maar krijgt geen lucht, want de ribben zitten strak in de schede geklemd. Ademhalen is zo onmogelijk. Vlug nou, trekken! De pensionhouder trekt uit alle macht. Maar het helpt niet; het veulen zit vast. Dan gaat hij in het stro zitten achter de merrie met beide voeten tegen de billen van het paard. Plat achteroverhangend trekt hij voor al wat hij waard is: zonder resultaat. "Trèk nou toch verdomme!" gilt een van de meiden in paniek. Een vader die z'n dochter komt ophalen, voelt de spanning; die is nu om te snijden. Hij neemt vlug een verlostouwtje over en trekt mee. Maar op je hurken kun je geen kracht zetten. Hij gaat dus ook achter de merrie in het stro zitten en trekt zoals hij in zijn leven nooit eerder heeft getrokken. De hoofden lopen rood aan, de ruggen worden nat van het zweet. De merrie perst als een dolle, kreunt en slaat wild met haar hoofd heen en weer; beukt tegen de boxwand en op de vloer. Het zweet loopt in straaltjes van haar lichaam. Ook het veulen slaat nu met het hoofd. Maar dat zijn z'n laatste stuiptrekkingen.

Stilte
Dan zijn de mannen uitgeput en het veulen is dood. Hijgend moeten ze vaststellen dat het geen centimeter verder is gekomen met al hun getrek. Het veulen bungelt slap in het stro achter de merrie. In de stal wordt het stil. De verslagenheid is enorm. Alleen het gehijg van de twee mannen is nog te horen. Eén voor één verdwijnen de meisjes stilletjes uit de stal. De merrie perst nog wel, maar de kracht van de weeën neemt af en de intervallen worden langer. Door het slaan met haar hoofd zijn de oogleden opgezwollen en beschadigd. In de ogen van de eigenaresse glimmen tranen. Ze blijft alleen achter bij het paard aan haar voeten, volkomen verslagen en ten einde raad.

Verlossing
Twintig minuten later kom ik de stal in met mijn verloskoffer. De vrouw heeft haar tranen gedroogd en vraagt of ik althans de merrie nog kan redden. Voor het veulen is het te laat.

76

Paardenverlossing

bij een normale veulengeboorte is trekken niet nodig

De merrie is opgestaan en opgehouden met persen. Het veulen bungelt met de voorbenen op haar hakken. Ik schiet in m'n verlospak. Heel diep in de geboorteweg zit de oorzaak van de ellende. De achterhoefjes van het veulen zitten onder zijn buik op de bekkenrand van de merrie. Dat heeft het strekken van de achterbenen in de baarmoeder onmogelijk gemaakt. Het terugduwen van de hoefjes in de baarmoeder gaat nu niet zo maar. Alles zit vastgeklemd. Maar het lukt en daarna is de geboorte van het dode veulen geen probleem: ik kan het alléén naar buiten trekken. Het ploft op de grond en de nageboorte komt er direct achteraan. De merrie is uitgeput: ze wankelt als ze probeert een voet te verzetten. In de geboorteweg voel ik geen beschadiging. De nageboorte spreid ik uit op de grond: ze is compleet.

Hurkzit

Van alle afwijkende liggingen bij de veulengeboorte vind ik de hurkzit de meest verraderlijke. Aanvankelijk verloopt alles dan normaal.
Pas halverwege stagneert het geboorteproces. De natuurlijke reactie
van iedereen is dan om de merrie bij het persen te helpen door aan de
voorbenen van het veulen te gaan trekken. Bovendien komt deze
afwijking zo zelden voor dat niemand erop verdacht is: in twintig
jaar praktijk had ik maar één ander geval. Die merrie was 's morgens
liggend in de stal aangetroffen met een ten halve geboren dood veulen. Het bewakingssysteem had niet gewerkt en zo had de situatie de
hele nacht kunnen duren. Bij dat veulen zat maar één van de achterhoefjes geklemd op de bekkenrand. De afwijkende ligging was spontaan ontstaan. De repositie en de verlossing verliepen toen ook vlot,
maar de merrie kon niet meer opstaan: de beklemming van de zenuwen in haar bekken had daarvoor te lang geduurd. Na drie dagen
intensieve zorg, met tweemaal daags optakelen van het paard door
mannen van de brandweer, verbeterde de toestand niet. Die merrie is
toen geslacht.

Afloop

De merrie in het paardenpension is behandeld met een ontstekings-
remmer. Dat gaat weefselzwelling tegen en het werkt pijnstillend.
Desondanks kreunde ze bij het plassen en bij het maken van mest en
ze liep wankelend. Een paar keer per dag werd er voorzichtig een
stukje met haar gewandeld en daarna kreeg ze een koude douche
onder de staart: dat hele gebied was gezwollen en warm. De merrie is
in een paar weken volledig hersteld.
Een tijdje later werd op de praktijk een pakje bezorgd. Daarin zat een
plaquette met een paardenhoofd. Onderaan zat een plaatje en daarop
deze tekst: "Bedankt voor het redden van mijn merrie."

13. Veulenziekte *(gewrichtsontstekingen)*

Het jong van een paard is een veulen. Met ingang van het daarop-volgende kalenderjaar wordt het jaarling of enter genoemd. Een veu-len kan allerlei ziektes krijgen. Maar met 'veulenziekte' wordt een speciale infectieziekte bedoeld die alleen heel jonge veulens treft van een dag tot enkele weken oud. En die heeft een ernstig verloop.

Aangeboren weerstand

Mensenbaby's en de jongen van vrijwel alle zoogdieren hebben bij hun geboorte al enige weerstand tegen infecties. In de baarmoeder krijgen ze daarvoor afweerstoffen van de moeder. Welke immuun-stoffen de foetus krijgt en hoeveel hangt af van de doorlaatbaarheid van de placenta (nageboorte). Die verschilt per diersoort. Zo worden bij de mens en de hond alle immuunstoffen van de moeder doorge-geven aan de ongeborene. Maar bij de merrie laat de placenta hele-maal geen afweerstoffen door: veulens komen dus ter wereld zonder weerstand tegen infecties.

Biest

Elke pasgeborene wordt al in zijn eerste levensuren besmet door bac-teriën. Met de afweerstoffen die hij van zijn moeder kreeg, worden die indringers onschadelijk gemaakt. Maar veulens krijgen die im-muunstoffen pas binnen door het drinken van de eerste moedermelk, de biest. Die is rijk aan afweerstoffen. Na twee dagen bevat de mer-riemelk ze niet meer. Een half uur na de geboorte kunnen veulens al staan en gaan ze drinken. Na een dag en vele liters biest hebben ze voldoende afweerstoffen opgenomen om infecties onschadelijk te kunnen maken. Maar vooral de eerste uren na hun geboorte zijn ze kwetsbaar voor ziektekiemen. Een snelweg voor het binnendringen van infecties is de navel; die is kort na de geboorte nog open.

Symptomen

De eerste uren na de geboorte functioneert het afweersysteem van veulens onvoldoende.

een half uur oud en nog zonder afweerstoffen

Daardoor kunnen binnendringende bacteriën via de bloedbaan de lichaamsholten bereiken. De buik-, borst- en hersenholte kunnen dan ontstoken raken. Het verloop daarvan is dodelijk. Ontsteking van de gewrichtsholten bij jonge veulens heeft vaak blijvende veranderingen tot gevolg: daardoor worden ze ongeschikt voor het latere gebruik als sportpaard. Naarmate een veulen meer biest heeft gehad, verlopen die vroege infecties minder acuut. Hersenvlies, borst- en buikvlies blijven al gauw gespaard. Maar zolang de weerstand nog niet optimaal is, worden de gewrichten nog wel aangetast.

Veulenziekte

onderzoek van een pasgeboren veulen

Preventie

De snelle opname van biest is de beste preventie tegen veulenziekte. De eigen merrie produceert afweerstoffen tegen de infecties die heersen op het bedrijf waar het veulen wordt geboren. Als de moeder bij de geboorte overlijdt of haar veulen verstoot, is biest van een andere merrie op hetzelfde bedrijf het beste alternatief. Een ingevroren biestvoorraad is dan een uitkomst. Tegenwoordig is ook hyperimmuunserum te koop. Dat is bloedvloeistof met afweerstoffen die als infuus moet worden toegediend. Het kan in geval van nood helpen om veulenziekte te voorkomen. Essentieel is dat hyperimmuunserum wordt toegediend voordat het veulen ziek is en de lichaamsholten of gewrichten ontstoken zijn.

Veulenspuit

Een andere praktische maatregel om veulenziekte te helpen voorkomen is de injectie van antibiotica kort na de geboorte; bij paardenfokkers bekend als 'de veulenspuit'. Ook die moet worden toegediend voordat zich ziekteverschijnselen hebben ontwikkeld, dus aan het gezonde pasgeboren veulen. De veulenspuit moet bij voorkeur worden gegeven binnen acht uur na de geboorte. Dat is de tijd die binnengedrongen bacteriën nodig hebben om 'aan te kunnen slaan'. Gedurende twintig jaar heb ik zo naar schatting vijftig veulens per jaar preventief behandeld met antibiotica; in totaal ongeveer duizend veulens. In feite gaf ik ze altijd twee injecties: een snelwerkend ampicilline-preparaat en een langwerkend. Desondanks is het een keer fout gegaan en heeft zich toch veulenziekte ontwikkeld.

Trekpaard

In de jaren tachtig zijn er nog maar een stuk of tien trekpaarden in onze praktijk. Door de komst van de tractor zijn ze voor het werk niet meer nodig en voor de recreatie worden ze nauwelijks ingezet. Toch hebben enkele boeren hun arbeidskracht van voorheen aangehouden en ze blijven ermee fokken.

Maar een merrie met een gewicht van 1000 kg vreet iedere dag nogal wat. En de opbrengst van trekpaardveulens is laag: met een merrieveulen worden de kosten nog terugverdiend, maar een hengstveulen kan het dekgeld van de merrie niet eens dekken.

trekpaard van 1000 kg

Biestverlies

Tijdens het ochtendspreekuur wordt de geboorte gemeld van een trekpaardveulen. Het moet vannacht al kort na één uur geboren zijn. De eigenaar was in de keuken even ingedommeld. Toen hij om half-twee weer in de stal kwam, lag het veulen al achter de merrie. Het wordt die ochtend mijn eerste visite. In een bocht van de binnenweg staat de oude boerderij. Twee ongetrouwde broers en hun twee zussen wonen er samen: alle vier intussen al ouder dan vijfenzestig.

Ze houden nog een paar zeugen en wat jongvee: zo blijft er iets te doen en is er wat leven rond het huis. Ook het trekpaard hebben ze aangehouden. Elk voorjaar wordt de merrie nog 'onder de hengst gedaan'. Op mijn laarzen loop ik naar de stal. Binnen staat de merrie aangebonden voor de voerbak. In een hoek op wat stro ligt het veulen. De klinkers van de stalvloer staan blank van de merriemelk. Ook het stro waarop het veulen ligt, is ermee doordrenkt. De merrie heeft al een week lang biest en melk laten lopen. En niet zo'n klein beetje: 'Nee, ze zeek romme'.

Risico

Alle biest is dus verloren gegaan. Het veulen heeft sinds zijn geboorte wel melk gedronken, maar daarin zaten geen afweerstoffen meer. Zijn benen zijn recht, de gewrichten niet overvuld. Maar de navel is nat. Daarop spuit ik betadinejodium. En hij krijgt twee ampicilline-injecties. Dit veulen loopt een groot risico om veulenziekte te krijgen. Ingevroren biest van voorgaande jaren is niet voorradig. Hyperimmuunserum bestaat dan nog niet; het zou trouwens de waarde van dit hengstveulen te boven gaan. Daarom stel ik voor om de veulenspuit over drie dagen nog eens te herhalen. Daarmee wordt enige bescherming geboden tegen infecties. Maar dat betekent dubbele kosten; voor een hengstveulen! En waarom maakt de veearts zich eigenlijk zo druk: dit is toch een gezond veulen?

Afloop

De vierde dag kom ik 'toevallig' langs. Een gezond veulen zou nu door de stal moeten springen en spelen. Daarvan is echter geen sprake: het hengstje komt traag overeind en beweegt zich sloom naar de merrie. Meteen nadat hij een beetje melk heeft gedronken, gaat hij weer liggen: het lijkt wel of hij slaapwandelt. Zijn temperatuur en longgeruisen zijn normaal. Maar de spronggewrichten vertrouw ik niet: ze zijn niet echt overvuld, maar ze lijken me voos. Er zit vocht onder de huid. Ik herhaal de twee ampicilline-injecties.

Veulenziekte

Als ik later nog eens informeer, blijkt dat het veulen de dag na mijn tweede bezoek nauwelijks nog kon opstaan en helemaal niet meer wou drinken. Ze hebben toen een handelaar gebeld en de merrie en het veulen verkocht. Dat wil zeggen: de merrie is verkocht en de handelaar heeft ook het veulen meegenomen, maar met veel tegen-zin. Het bracht niks op. Fokken is altijd wel hun hobby geweest: "Maar dit was zo geen hobby meer: dit kostte geld!"

14. Bolspat *(dikke enkel)*

Het paard is een teenganger. Zoiets als een balletdanseres op de klassieke spitzen. En zo bevindt zich het enkelgewricht bij een volwassen paard op ongeveer een halve meter boven de grond. Dat gewricht wordt bij dieren geen enkel genoemd maar sprong. Overvulling van de sprong met gewrichtsvocht heet bolspat. Bolspat kan verschillende oorzaken hebben; één daarvan is verstappen. Vergelijk het met het verzwikken van je enkel.

Hengstenkeuring
Tijdens het telefonisch spreekuur wordt een consult gevraagd door Jan van Loon uit Oirschot. Dat ligt bij Eindhoven, buiten ons praktijkgebied. Hij traint jonge hengsten voor de stamboekkeuring. Het vóórbrengen van paarden bij zo'n keuring is een vak apart. Jan van Loon staat als een van de beste bekend. Paarden die hij traint en voorbrengt, laten zich op hun best zien. Eigenaren die op de tribune toekijken, zijn vaak zelf verbaasd dat ze zo'n beste hengst bezitten. Een van deze dieren heeft zich bij de training verstapt en de sprong is dik geworden. Afspuiten met koud water en een paar dagen boxrust hebben daaraan weinig veranderd. Over drie weken is de eerste selectie. Met een bolspat maakt de hengst geen schijn van kans. Maar Oirschot is voor mij te ver weg. Of hij dan niet naar de praktijk kan komen met het paard? Ja dat kan. Morgenmiddag om halftwee dan maar. Van de hengst is al eerder een serie röntgenfoto's genomen. Daarbij is in de gewrichten geen OCD (OsteoChondritis Dissecans) gevonden. Dat is een aandoening met losse botfragmentjes in de gewrichten die overvulling kunnen veroorzaken; een reden tot afkeuring van de hengst. Het stamboek heeft zo'n röntgenonderzoek verplicht gesteld voor dekhengsten.

Fris
De volgende middag leg ik alle spullen die ik nodig heb in een bakje bij elkaar. De auto met de trailer stopt voor de praktijk. Hij wordt geparkeerd tussen de bomen langs het parkeerterrein.

Bolspat

Luid gestommel en gehinnik dringt tot binnen door. De assistentes
kijken op van hun werk. De trailer staat op zijn assen te schudden.
Jan van Loon meldt zich aan de balie. Ik pak een extra flesje kalmeringsmiddel. De klep van de aanhanger gaat omlaag en de hengst
komt achteruit naar buiten. Meteen gaat hij op zijn achterbenen
staan: zijn hoofd reikt tot tussen de takken van de beukenbomen. Hij
begint te bokken, gooit afwisselend zijn vóór- en achterbenen los van
de grond en slaat fel achteruit. Dan steigert hij opnieuw tot hoog tussen de takken. Jan staat het allemaal rustig aan te zien. "Hij is nog
een beetje fris" geeft hij als verklaring. De hengst heeft de voorbije
dagen boxrust gehad en is dus niet getraind. En voor de keuring worden ze flink gevoerd. Hij barst van de energie.
De assistentes kijken bezorgd toe van achter de ramen. Aan het halster zit geen kin-kettinkje zoals dat bij hengsten vaak wordt gebruikt.
Met zo'n kettinkje heb je iets meer te vertellen over zo'n krachtpat-
ser. Maar volgens Jan is dat niet nodig. Ik pak de praam uit mijn bakje. "Wat gade gij doen?" Ik zeg dat ik hem de praam op ga zetten en
een spuitje geven om hem wat rustiger te maken. Maar volgens Jan is
ook dat niet nodig. Hier moet een misverstand in het spel zijn. Ik leg
uit dat ik met een naald in het spronggewricht moet prikken om het
teveel aan vocht af te tappen. Daarna krijgt hij daar een kleine injectie. En tot slot moet een stevig drukverband worden aangelegd.
"Dat kan" zegt Jan.

Behandeling
Ik aarzel. Dit is Jan van Loon en ik ken zijn reputatie in de omgang
met paarden. Ook met heel lastige hengsten. Maar dit is gekkenwerk.
Een driejarige hengst met een naald in zijn achterbeen steken zonder
enig dwangmiddel of voorzorg! Eén keer wil ik het desnoods voorzichtig proberen. Maar bij de eerste trap zal ik hem onherroepelijk
inspuiten. Toppaard of niet: ik wil niet verongelukken. Intussen danst
de hengst alweer hoog op z'n achterbenen. Dan geeft Jan een rukje
aan het halstertouw: "Stade gij nou us efkes stil".

' hij is nog een beetje fris '

Bolspat

Dat zijn letterlijk zijn woorden. Zonder stemverheffing of dreigen. Gewoon de mededeling: vanaf nu sta je stil. En de hengst staat inderdaad stil. Voorzichtig nader ik zijn achterbeen. Ver voorovergebukt kan ik met een uitgestrekte arm net de sprong ontsmetten. Hij staat nog steeds stil. Ik doe steriele handschoenen aan; pak een naald uit de verpakking. "Nou daar komt ie dan." Terwijl ik prik veer ik met een kattensprong achteruit om de trap te ontwijken. Maar er is geen trap: de hengst staat onbeweeglijk. Geen voet heeft hij verzet. Dit is een mirakel of paardenmagie. Ook daarna staat de hengst stil. Het aftappen van het overtollige gewrichtsvocht duurt meerdere minuten. Dan het spuitje met cortison. Het aanleggen van een drukverband kost de nodige tijd. Door de druk moet de afscheiding van nieuw gewrichtsvocht worden afgeremd terwijl de cortison het overprikkelde gewrichtskapsel tot rust brengt. Alles bij elkaar duurt de behandeling minstens twintig minuten. Niet één keer heeft het paard ook maar een voet verzet. Als hij op de trailer wordt geleid, trekt hij wel het achterbeen hoog op: de reactie op het verband. Na enkele passen is het voorbij. Ik zweet van de doorstane spanning. Maar Jan van Loon had dus gelijk: Het kon.

Afloop

De hengst heeft het op de keuring goed gedaan: hij kwam door de eerste selectie en werd voorgebracht op de tweede bezichtiging in Den Bosch. Maar met Jan van Loon is het verkeerd afgelopen. Nee, de hengsten zijn nooit een probleem geweest; die hebben hem altijd gehoorzaamd. Maar bij de rijvereniging zou hij even helpen met het invlechten van een paard voor een concours hippique. Een hartstikke lief dier was daarbij; deed nooit iets verkeerd; het paard van een meisje. Bij het opscheren van de staart kreeg Jan een trap in zijn gezicht. Hij heeft het aanvankelijk overleefd. Maar na maandenlang dokteren en revalideren werd hij toch niet meer de oude. Hij ging trimmen in het bos. Want om een paard voor te brengen op een keuring moet je ook zelf hard kunnen lopen.

Veterinaire Verhalen over Paarden

Op een middag is hij daar, in het bos, dood gevonden.
Jan van Loon was een kunstenaar in zijn vak. Een kunstenaar met
paarden.

15. Draadwond

Prikkeldraad, gladde staaldraad en nylondraad worden veel gebruikt om weilanden af te rasteren. Maar die dunne draden zijn voor paarden slecht te zien. Dat is vreemd voor een dier dat al op vierhonderd meter afstand z'n eigenaar herkent. Ongelukken met paarden die in zulke draden verstrikt raken, komen vaak voor en ze veroorzaken ernstige wonden.

Afrastering

Percelen voor paarden kunnen beter worden afgezet met een breed lint of met balken. Die zien ze. Maar als op dat perceel ook schapen worden geweid, mogen die weer niet onder de afrastering door kunnen. Een paar stroomdraden boven elkaar voor de schapen en een breed lint of een balk erboven voor de paarden is een goede oplossing. De afwisselende beweiding van grasland door paarden en schapen is praktisch. Schapen grazen de schijtbossen af die paarden in de wei achterlaten en ze verminderen de besmetting van het gras met de ingewandswormen van het paard doordat ze met het gras de wormlarven opvreten die voor paarden besmettelijk zijn. Zelf ondervinden ze daarvan geen enkele hinder: ze verteren de larven zonder dat die zich in de darm verder kunnen ontwikkelen. Omgekeerd verteren paarden de wormlarven die voor schapen besmettelijk zijn. Een vorm van biologische samenwerking.

Scheurwond

Een paard wil in de wei wel eens rollen. Dichtbij de afrastering is dat riskant: een been kan dan tussen de draden komen. Een paard dat vast komt te zitten, gaat trekken; met geweld. Meestal breekt dan de draad, soms breken de palen waaraan de draad vastzit. Maar gebeurt dat niet, dan blijft het paard rukken tot z'n totale uitputting of tot het been eraf is. De wonden die daardoor ontstaan zijn een ravage: rafelige en verontreinigde scheurwonden. Vaak is het bot beschadigd, soms ligt een gewricht open. In het laatste geval is doorgaans geen redding mogelijk.

Ook bij minder dramatische draadwonden duurt het genezingsproces meestal vele maanden. Lelijke littekens blijven zichtbaar en het been is dikker dan normaal.

Goedemorgen

Op een ochtend aan het eind van september hangt er nevel over de wei achter ons huis. Daardoor zijn de schapen vanuit het slaapkamerraam niet te zien. Alleen het hoofd van de merrie steekt boven de mist uit. Als ik tussen de middag thuiskom, staat ze op dezelfde plaats. De nevel is verdwenen en ik zie een deel van de afrastering platliggen. Een aantal paaltjes is afgebroken. Pas dan valt me op dat er met het paard iets mis is. De schrik slaat me om het hart: ze zal toch niet …? Op een draf hol ik erheen en jawel hoor: het rechter achterbeen is ernstig beschadigd. De voorkant van de kogel steunt op de grond en de hoef is naar achteren omgeklapt doordat de strekpees is afgescheurd. De huid hangt omlaag als een afgezakte kous. Het bot ligt bloot en er zitten diepe groeven in. Het spronggewricht is één bloederige wond van gerafeld vlees. En alles zit vol haren en vuil. De merrie staat er gelaten bij. Paarden hebben geen mimiek voor pijn.

Gewricht

Aan het halster strompelt ze met me mee tot de stal. Daar rol ik de tuinslang uit. Maar de haren, de bloedstolsels en het vuil laten niet los door de waterstraal: alles zit vastgekoekt. Dan rij ik m'n auto de wei in zodat ik alles bij de hand heb voor de behandeling. Ze krijgt een praam op de bovenlip. Daardoor ontstaat een lichte verdoving, net als bij acupunctuur. Ik maak het been schoon met verbandgaas en betadine. Opzij van de wond steek ik een naald in het spronggewricht en spuit er pen-strep in; dat is een melkwitte antibioticum-combinatie van penicilline en streptomycine. Door de druk bolt het gewricht op. Als het kapsel ergens lek is, zal de witte vloeistof naar buiten komen en in de wond goed te zien zijn.

Draadwond

Dat gebeurt niet: het spronggewricht is dus gelukkig nog intact!
Ze krijgt nog een spuit in de bil met dezelfde antibiotica. De wond is
van de voorbije nacht en dus is de ontsteking al begonnen. Om het
onderbeen wikkel ik paraffinegaas: dat kleeft niet vast aan de wond.
Dan volgt een steunverband en ze krijgt een pijnstiller in de mond.
Ziezo. Nu valt een deel van de spanning van me af.

Nazorg
De pijnstiller en de injecties met antibiotica krijgt ze ook de twee
dagen daarna. Ze blijft intussen op stal en doet alleen een paar keer
per dag enkele passen buiten de box om de bloedstroom op gang te
houden. Na een week volgt de eerste verbandwisseling. De wond
oogt nu frisser maar de ravage is nog even groot. Dat verband wordt
vervolgens elke week gewisseld, twee maanden lang. Als de genezing op gang komt, begint het onder het verband te jeuken. De merrie
gaat er eerst aan likken en begint er dan in te bijten. Zonder zo'n verband zou ze zelfs in de wond gaan bijten: want jeuk is erger dan pijn.
Pas als de jeuk voorbij is, kan het verband eraf. Dat duurt nog een
paar weken. Maar dan gaat het genezingsproces hard. Te hard, want
er vormt zich wild vlees. Dat groeit uit tot een bloemkool en het
moet worden vlakgesneden. Wild vlees is gevoelloos maar bij het
afsnijden ontstaan spuitende bloedingen. Die moet je stelpen door
een nieuw drukverband.

Afloop
Daarna kan een verband eindelijk achterwege blijven en mag de
wond aan de buitenlucht worden blootgesteld. Geleidelijk groeit er
weer huid over het nieuwe weefsel. Na in totaal een maand of vier is
van de wond alleen nog een breed en onregelmatige litteken over. De
afgescheurde strekpees werkt dan weer normaal: het weefsel dat het
gat aan het onderbeen heeft opgevuld, is kennelijk gaan functioneren
als pees.

Als driejarige wordt ze voor het stamboek gekeurd en daarin zonder problemen opgenomen: ze stapt en draaft dus weer volkomen normaal. Ook bij het rijden blijkt dat ze geen functionele problemen heeft overgehouden aan de verwonding. Het enige dat rest is een dikker been met een litteken.
Zo'n intensieve behandeling en verzorging gedurende vier maanden zijn echter bij een drukke praktijk haast niet te doen. Maar heb je niet zo'n drukke baan dan is er wel tijd genoeg, maar kun je weer geen eigen paard houden.

drie jaar oude draadwond rechtsachter

16. Hoge schoft *(rugpijn)*

De schoft is het hoogste deel van de paardenrug en hij zit vooraan tussen de schouderbladen. Bij een hoge schoft zijn de schouderbladen lang en zitten ze schuin tegen de romp van het paard. Daardoor kunnen de voorbenen ver naar voren worden gestrekt. Die grote, ruime bewegingen zijn met name voor een dressuurpaard gewenst. Daarop wordt in de fokkerij al tientallen jaren geselecteerd en daardoor zijn de schoften van de rijpaarden alsmaar hoger geworden.

paard met een hoge schoft

95

Rugklachten

Een hoge schoft heeft tot gevolg dat de gebruikelijke rijzadels op de paardenrug achterover liggen en bovendien liggen ze dan te ver naar achteren. Het gewicht van de ruiter drukt daardoor te ver naar achteren op de paardenrug. Dat veroorzaakt bij het paard rugklachten. Die kunnen op verschillende manieren tot uiting komen: zo'n paard kan het hoofd omhoog houden (en de rug stijf) en zich verzetten als de ruiter probeert het hoofd omlaag te krijgen; het kan gaan schudden met het hoofd of het bit vastbijten; of weigeren bij het springen omdat het ruitergewicht bij het landen drukt op zijn pijnlijke rug. In het uiterste geval zal het paard proberen de ruiter af te werpen.

Rijzadels

Om de ligging van een achterover-hellend en naar achteren geschoven zadel te corrigeren, zijn ingrijpende maatregelen nodig. Het opvullen van de zadelkussens en een extra zadeldek of een zogenaamde gelpad zijn daarvoor niet toereikende lapmiddelen: vergelijk ze met het leggen van zooltjes in een paar schoenen die vier maten te groot zijn. De achterkant van het zadel moet vaak meer dan tien centimeter omhoog. Zadels met een verstelbare of verwisselbare boom zijn aan te passen doordat je de voorkant van het zadel dan kunt laten zakken. Maar die voorkant mag weer niet op de schoft van het paard gaan drukken. Daarbij biedt een zadel met een 'teruggesneden kamer' voordelen omdat het verder naar voren geschoven kan worden op de paardenrug. Allemaal zadeltechniek, maar onmisbaar om rugklachten bij paarden op te sporen en ze te laten genezen. Of nog beter: om ze te voorkomen.

Steegs

"Mijn paard schudt met z'n hoofd en hij trekt de teugels uit m'n handen. Napoleon is de laatste tijd echt steegs." Mevrouw is de wanhoop nabij. De paardentandarts heeft al twee wolfstanden getrokken en wat haken op de kiezen weg-gevijld. Zonder resultaat. Op advies van

Hoge schoft

haar instructrice heeft ze vervolgens een gelpad onder het zadeldek gelegd en een ander bit aan het hoofdstel gedaan. Maar ook dat heeft niet geholpen. Het verzet van Napoleon tijdens het rijden werd steeds erger. Hij bokte zelfs zó erg dat ze eraf is gevallen! Gelukkig is het allemaal nog goed afgelopen. Ze is wel erg sportief, maar ze is toch geen achttien meer. Ze durft nu niet meer te gaan rijden. Om weer enigszins op verhaal te kunnen komen, heeft ze de instructrice voorlopig maar afgezegd. Napoleon staat nu al drie weken werkeloos op stal. Nee, haar man heeft niks met paarden, die golft.

Onderzoek
Napoleon blijkt een lang-gelijnde ruin met een hoge schoft. Zijn tanden en kiezen zijn normaal. Ik strijk met beide vlakke handen over zijn rug; van voor naar achter; eerst links en dan rechts. Geen bultjes of korsten, geen kale of warme plekken. Ik druk met m'n duimen stevig op de ruggengraat, van vóór naar achter, wervel na wervel. Een handbreedte achter de schoft trekt hij daarbij zijn rug plotseling hol: z'n buik gaat ver omlaag. De pijn is plaatselijk: nog een handbreedte verder naar achteren is de wervelkolom niet drukgevoelig meer.

Zadel
Het zadel ziet er prachtig uit: het is van zwart leer en het zadeldek eronder is een witte schapenvacht. Maar het is van een traditioneel type: vlak met een weinig diepe zit. Ideaal voor een Fries of een Gelders veelzijdigheidspaard. Die hebben maar weinig schoft (een lage schoft). Ik leg het zadel op de rug van Napoleon zover mogelijk naar voren. De achterrand ligt nu een stuk lager dan de voorrand. Dan trek ik de singel aan. Die behoort van achter het voorbeen loodrecht omhoog te lopen naar het zadel. Maar hier verloopt de singel schuin doordat het zadel zover naar achteren ligt. Ik til de achterrand ruim vijftien centimeter omhoog: "Zó moet dit zadel liggen. En nog een stuk verder naar voren. Dit zadel is ongeschikt voor uw paard."

97

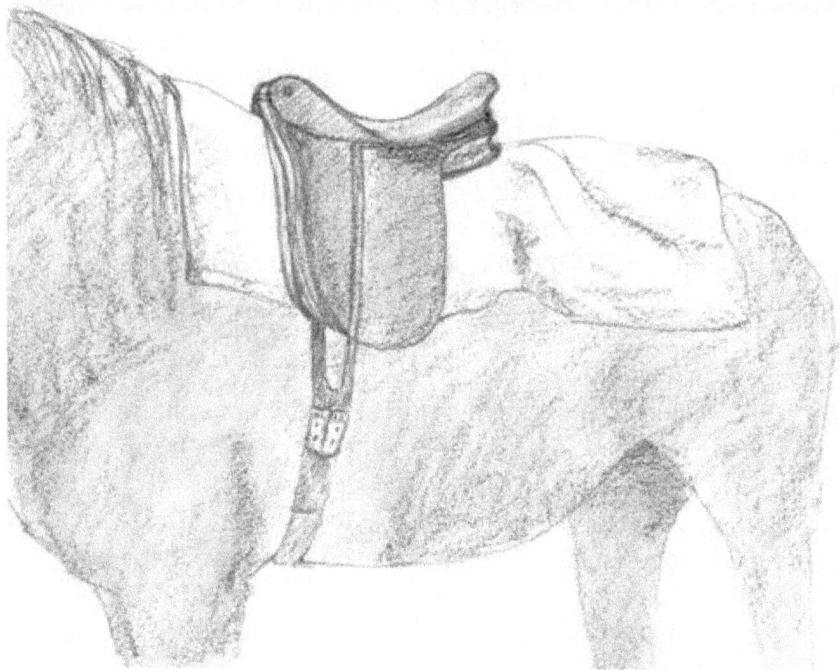

correcte positie van het zadel,
de achterrand is hoger en de singel verloopt verticaal

Afloop

Mevrouw is geschokt. Dit was het duurste zadel in de ruitershop. Met alle toebehoren heeft ze er vierduizend euro voor betaald. Hierover zal ze met haar man moeten overleggen.

Maar ze heeft het zadel niet ingeruild: ze is gestopt met paardrijden: het zadel en Napoleon zijn verkocht. Als ik later nog eens voorbijkom, worden het buitenhuis met het zwembad en de paardenstallen verbouwd: ook de villa is verkocht. Het leven op het platteland: 'Ach, het is wel heerlijk natuurlijk en reuze vrij. Maar het geeft ook zoveel sóres!'

17. Baarmoederontsteking

Onvruchtbaarheid bij merries wordt vaak veroorzaakt door baar-moederontsteking. De aanstichters daarvan zijn bacteriën. Voor een doeltreffende behandeling moet je weten voor welk antibioticum de betreffende bacteriesoort gevoelig is. Om dat vast te stellen is een kweek nodig uit het inwendige van de baarmoeder. Daarvoor neem je een slijmmonster.

Negende dag
Baarmoederontsteking komt bij merries vaak voor. Dat komt doordat de tijd tussen de geboorte van het veulen en de daaropvolgende dekking zo kort is: meestal niet meer dan negen dagen. Ook in kuddes die onder natuurlijke omstandigheden gehouden worden, gaat dat zo. Wellicht houdt het verband met de draagtijd die bij het paard elf maanden duurt. Om steeds in het voorjaar (de gunstigste tijd) haar veulen te kunnen werpen, moet een merrie dus al een maand na de geboorte van het ene veulen weer drachtig zijn van het volgende. Maar zo kort na de bevalling is de baarmoeder nog niet volledig hersteld. Vooral als er bij de geboorte problemen zijn geweest, of als de nageboorte niet vlug genoeg is afgekomen, zijn tijdens de eerste hengstigheid nog bacteriën in de baarmoeder aanwezig. Die is dan ontstoken en daardoor niet klaar voor de volgende dracht; want een embryo kan zich niet innestelen in een ontstoken baarmoederwand.

Monstername
Bij het nemen van een monster uit het inwendige van de baarmoeder wordt een steriel gaasje in contact gebracht met het slijm in de baarmoeder. Het gaasje mag noch op de weg naar binnen noch op de terugweg andere delen van de geboorteweg aanraken. Daarom zit het opgesloten in de holle punt van een lange buis. Die buis schuif je door de schede met de punt tot in de baarmoeder. Dan druk je van buitenaf het gaasje tevoorschijn. Het wordt wat heen en weer bewogen om het te bevochtigen en dan trek je het terug in de punt van de buis. Die wordt afgesloten door een ronde dop.

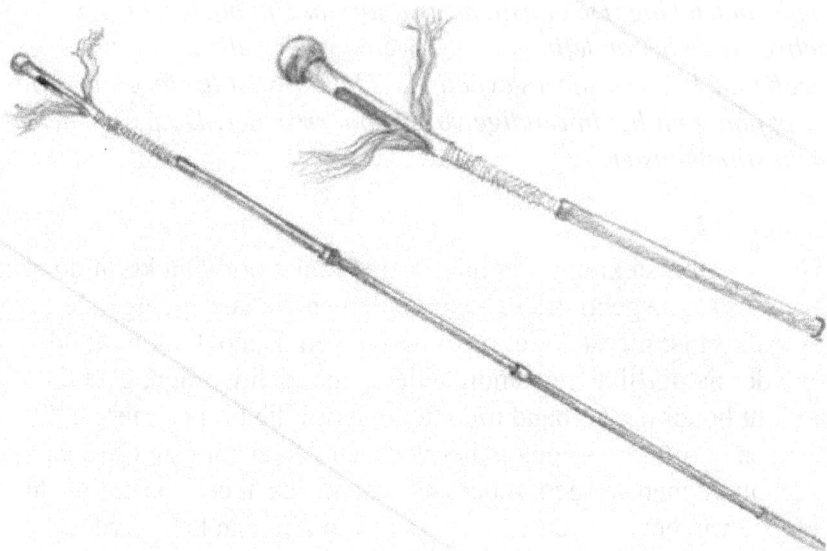

apparaat voor monstername in de baarmoeder
boven de punt met het gaasje in detail

Daarna trek je het apparaat terug door de schede naar buiten. Zo zijn de bacteriën die in het laboratorium uit het gaasje worden gekweekt uitsluitend afkomstig uit het baarmoederslijm. Tegenwoordig is dit monsterapparaat van dun plastic en voor eenmalig gebruik. Maar destijds was het een forse buis van gegalvaniseerd ijzer en werd het apparaat na elke monstername van een vers gaasje voorzien en opnieuw gesteriliseerd.

Missing tip
Een oudere merrie is al twee jaar gust (niet drachtig) hoewel ze vaak werd gedekt. Het onderzoek is gepland bij de volgende hengstigheid, omdat de mond van de baarmoeder dan open is. Haar cyclus is regelmatig want: 'ze komt elke drie weken terug' d.w.z. ze wordt bij

elke volgende cyclus opnieuw hengstig. En telkens werd ze dan ook opnieuw door de hengst gedekt. De merrie is wat te dik en ze glanst van gezondheid. Bij het inwendige onderzoek betast ik vanuit de endeldarm haar baarmoeder en de beide eierstokken. De ene is klein en weinig actief. Op de andere zit een grote en zachte follikel: de eisprong komt er dus aan. Maar de baarmoeder lijkt te grof. De schede sluit goed, maar het slijmvlies is toch te rood. Dat duidt op ontsteking. Ik neem daarom een slijmmonster. Dat verloopt voorspoedig totdat ik de buis uit de schede terugtrek: dan ontbreekt de afsluitende dop. Hè? Die dop vormt een geheel met de punt van het apparaat; en dus ontbreekt niet alleen de dop maar de hele stalen punt van het apparaat! En die kan maar op één plaats zijn: in de merrie.

Maniak
"Houdt u de staart nog even voor me opzij, mevrouw? Ik moet inwendig iets controleren." Met mijn arm in een schone handschoen schuif ik door de schede tot in de baarmoeder. Daar stuit ik direct op de punt van het apparaat met het gaasje. Als ik de stalen 'priem' naar buiten breng, gaan bij mevrouw de wenkbrauwen omhoog; haar ogen worden groot en donker; haar gezicht eerst bleek en dan rood: Nee máár! Haar mèrrie! Het slachtoffer van de een of andere vreemdsoortige seksmaniak! Onder haar eigen ogen!
Wat volgt zal ik samenvatten in een Engels understatement: 'She was not amused.' Als wat later de plastic monsterapparaten op de markt verschijnen, word ik een van de eerste gebruikers.

18. Naspoelen en dichtzetten *(vulvaplastiek)*

De geboorteweg van fokmerries wordt met de jaren minder elastisch. De vulva die voor de afsluiting van de schede moet zorgen, wordt slapper en tijdens de voortbeweging kan lucht in en uit de schede stromen: luchtzuigen wordt dat genoemd. Het schede-slijmvlies kan dan ontstoken raken en die ontsteking kan zich uitbreiden naar de baarmoeder. De merrie is daardoor moeilijk drachtig te krijgen. Door de vulva en het achterste deel van de schede wat kleiner te maken, wordt dat luchtzuigen voorkomen. Bij die chirurgische correctie (vulvaplastiek) wordt ongeveer een derde deel van de opening gesloten. Tweederde deel blijft dus open. Toch wordt die ingreep in de paardenwereld aangeduid als 'het dichtzetten' van de merrie.

Luchtzuigen
Alide was een bijzonder paard. Als driejarige werd ze vijfde op de nationale merriekeuring in Utrecht. Ze kon dan ook bijzonder goed draven. Ze werd gedekt, maar ze werd niet drachtig; ook niet na herhaalde dekkingen. Zeker voor een jonge merrie is dat ongewoon. Andere merries werden van dezelfde hengst vlot drachtig. Aan het sperma kon het dus niet liggen. Bij het onderzoek viel op dat het slijmvlies in de schede roder was dan normaal. Daarom heb ik een slijmmonster genomen uit de baarmoeder. Na twee dagen kweken op de Gezondheidsdienst voor Dieren groeiden daaruit apathogene bacteriën. Dat zijn bacteriën die geen ziekte veroorzaken: dus een soort huis-tuin-en-keuken-bacteriën die in de buitenlucht voorkomen.
Maar in de baarmoeder horen geen bacteriën aanwezig te zijn; zelfs geen apathogene. Alide werd gedekt en na de eisprong heb ik haar baarmoeder met antibiotica behandeld op twee achtereenvolgende dagen. Dat inbrengen van antibiotica in de baarmoeder heet in het paardenjargon 'naspoelen'. Na de tweede behandeling is ze dichtgezet. Ze werd niet meer hengstig en later bleek ze drachtig.

Naspoelen en dichtzetten

dressuurpaard

Openknippen

Als je de vulva gedeeltelijk hebt dicht-gehecht, moet je die voor de geboorte van het veulen weer openknippen. Doe je dat niet dan bestaat er grote kans op inscheuren bij de bevalling. Daarbij kunnen lelijke wonden ontstaan. Het is niet verstandig om met het openknippen van zo'n merrie te wachten tot de bevalling al is begonnen: de uitdrijving van het veulen is een kwestie van een tiental minuten. Dus als je er dan nog naar toe moet rijden, kom je vrijwel altijd te laat. Als de uier van een merrie groter wordt (als ze 'op-uiert') laat de veulengeboorte doorgaans nog maar een paar dagen op zich wachten. Dan ga ik er heen. Bij het plaatselijk verdoofde dier knip ik de vulva weer helemaal open door het bestaande litteken, recht naar boven in de richting van de anus. De wond laat ik open. Na de geboorte en de daaropvolgende dekking wordt de baarmoeder weer twee keer nagespoeld en aansluitend opnieuw dichtgezet. De wond moet dan worden 'opgefrist' omdat alleen verse wondranden aan elkaar groeien. Door daarbij aan beide kanten alle littekenweefsel weg te snijden, geneest de wond mooier en kun je het dichtzetten vaak herhalen.

Urine in de schede

Tien jaar later is de merrie voor het stamboek zowel ster, keur als preferent geworden. Daarmee behoort ze tot de elite van de rijpaardmerries. Ze heeft elk jaar een veulen gebracht, negen in totaal. Elk jaar is ze vóór de veulengeboorte opengeknipt en na de dekking nagespoeld en dichtgezet. Nu is ze hengstig en ze staat in de opvoelbox. Ze hinnikt naar haar veulen dat in de stal is achtergelaten. Als ik met een buis en een lampje in de schede kijk, staat daar een plas vocht: de schedebodem is verzakt en er blijft urine achter. Dat maakt haar nagenoeg onvruchtbaar. Om de vulva en een deel van de schede nauwer te maken, is nu een ingrijpender operatie noodzakelijk. De verzakte bodem moet omhoog worden gehaald zodat alle urine weer naar buiten afvloeit. Want urine is dodelijk voor sperma.

Naspoelen en dichtzetten

Als je onder de microscoop een druppel sperma bekijkt en daar een druppel urine aan toevoegt, zie je in minder dan een minuut alle spermiën doodgaan.

Kunstmatige inseminatie

Gelukkig voor Alide heeft de natuurlijke dekking intussen plaatsgemaakt voor de kunstmatige inseminatie. Want door de vulvaplastiek die nu nodig is, wordt het achterste deel van de schede te nauw om de penis van een natuurlijk dekkende hengst door te laten. Maar bij de K.I. kan het sperma met een dunne pipet door de schede tot in de baarmoedermond worden gebracht. En zo is ze ook voor de tiende keer weer drachtig geworden. In de vier jaar daarna heeft ze nog drie veulens gebracht. Eén keer werd ze niet drachtig. Op haar zeventiende is ze tenslotte als fokmerrie volledig 'versleten'. De schedebodem is helemaal verzakt en alle rek is eruit. Ze heeft dan dertien veulens gebracht en is evenveel keren dichtgezet en weer opengeknipt.

Huub en Tiny van Helvoirt

Dit verhaal speelt zich af op de boerderij van Huub en Tiny van Helvoirt in Rosmalen. Hun naam is een begrip in de paardenwereld. Ik noem slechts twee van hun grootste successen als fokker:
In 2003 stonden in de top-tien van de beste rijpaarden in de Verenigde Staten (van alle 50 staten) liefst drie paarden die door Huub en Tiny van Helvoirt waren gefokt en naar Amerika verkocht. Hun nog grotere fokkerssucces is de hengst Broere Jazz. Die acteerde zelf jarenlang op het hoogste dressuurniveau en kwam voor Nederland uit op het Europees kampioenschap in Spanje. Zijn aanleg geeft hij ook dóór aan zijn talrijke nakomelingen. Als vererver van dressuurtalent staat hij al enkele jaren nummer 1 op de wereldranglijst van alle stamboeken.
In resp. 2010 en 2011 zijn Tiny en Huub op hoge leeftijd overleden. Het KWPN eert hun naam door jaarlijks de Huub van Helvoirt bokaal uit te reiken aan de Fokker van het Jaar in de richting dressuur.

Veterinaire Verhalen over Paarden

Excursies

Bij excursies uit het buitenland kwam het stamboek graag naar de boerderij in Rosmalen. Met fokkers uit o.a. Duitsland, Oostenrijk en Japan kwam het KWPN dan bij hen op bezoek. "Als gullie mar zurgt vur d'n uitleg" zei Huub dan tegen de begeleiders van het stamboekkantoor. Want Huub en Tiny hielden zich niet bezig met toespraken in buitenlandse talen. Zij hielden trouwens helemaal niet van toespraken; ze hielden vooral van gewoon; geen spatjes of kapsones. Ook in hun contacten met de rijken van deze wereld bleven ze precies wie ze waren. Zo belde op een dag een Nederlandse mevrouw vanuit Zwitserland, waar ze met haar man woonde, voor een afspraak om naar een veulen te komen kijken. Haar pikeur had een bepaald fokproduct van Huub aanbevolen. Ze is welkom in Rosmalen "maar hoe gij van daaruit naar hier moet komen rijden, kan ik niet zo krek uitleggen". Dat is Tiny, want zij verzorgde de public relations. Maar mevrouw beschikt over een optrekje in Wassenaar, als pied-à-terre voor de dagen dat ze in Nederland verblijft. En van daaruit moet het wel lukken om met haar auto, voorzien van een dan nog uiterst geavanceerd GPS-systeem, het dorpje Rosmalen te bereiken.

Open dag

Voor de inwoners van Rosmalen wordt een open dag georganiseerd op de boerderij. Bij die gelegenheid wordt in de huiskamer een filmpje vertoond om de meegekomen kinderen bezig te houden. Een montage uit de honderden video's die Tiny in de loop der jaren op het eigen bedrijf en op allerlei keuringen en paardenevenementen heeft opgenomen. Uit de vroegere jaren is daarbij ook de natuurlijke dekking van één van de merries op het bedrijf. Bij het zien van die beelden vraagt een jongetje: "mama, wat doet dat paard daar nou?" Zijn moeder wordt er behoorlijk door in verlegenheid gebracht, met zoveel vreemde toehoorders in de huiskamer bij de van Helvoirts. Maar Tiny zegt direct: "Die kijkt of hij de trein uit Den Bosch ziet aankomen, jôh."

19. Hormoonspuit

Gonadotrope hormonen zijn stoffen in het bloed die de geslachtsklieren (gonaden) aansturen: bij mannetjes zijn dat de teelballen, bij vrouwtjes de eierstokken. De injectie van één bepaald gonadotroop hormoon geldt in de paardenfokkerij als 'de hormoonspuit'.

HCG
Bij zwangere vrouwen wordt in de placenta (nageboorte) een hormoon aangemaakt dat HCG (Human Chorion-Gonadotropine) wordt genoemd. Het wordt uit hun urine gewonnen en vervolgens wordt er een injectiepreparaat van gemaakt. HCG werkt als een gonadotroop hormoon: het beïnvloedt de geslachtsklieren. Als je het bij mannelijke dieren inspuit, worden de teelballen gestimuleerd tot de productie van testosteron. Bij vrouwelijke dieren stimuleert een HCG-injectie in de eierstokken het openbarsten van het eiblaasje waardoor de eigenlijke eicel vrijkomt.

Schouwen
Olinde is een goede fokmerrie en twaalf jaar oud. Negen dagen geleden heeft ze een veulen geworpen. Ze wordt uit haar box gehaald om te worden geschouwd: haar bereidheid tot paren zal worden aanschouwd als ze in de nabijheid is van een hengst. Daarvoor wordt ze naar een andere stal geleid waar een ponyhengst staat. Dat is niet de beoogde vader van het volgende veulen: de schouwhengst mag alleen de avances maken; hij mag haar niet dekken. In de gang voor de hengstenbox maakt de merrie door de tralies heen met hem kennis. Ze besnuffelen elkaar en zij toont interesse. Als het hengstje zich vervolgens opwindt en uitschacht (een erectie krijgt), draait Olinde zich tegen de boxwand aan en begint met kleine beetjes te plassen. De urine is troebel en heeft een speciale geur. De merrie is hengstig.

Onderzoek
Met mijn arm in haar endeldarm betast ik, door de darmwand heen, de baarmoeder. Die is slap en op de linker eierstok voel ik een grote,

controle van de eisprong door 'opvoelen' (rectaal onderzoek)

zachte eiblaas met een middellijn van een centimeter of vier. We hebben dan in de praktijk nog geen scanner waarmee die afmeting daadwerkelijk kan worden gemeten. Vervolgens maak ik de schede-opening schoon en breng er een holle, stalen buis in. Met een lampje is het roze slijmvlies te zien dat glanst van het slijm. De mond van de baarmoeder ligt slap op de bodem van de schede. Olinde is optimaal hengstig. Ze mag vandaag nog gedekt worden. De hengstenhouder wordt gebeld. Die komt wat later op de dag met zijn dekhengsten op de vrachtauto. De merrie wordt natuurlijk gedekt. De KI (kunstmatige inseminatie) is dan in de paardenfokkerij nog niet gebruikelijk. In de rundveefokkerij wordt dat wel al lang algemeen toegepast.

Afslaan

Twee dagen later controleer ik de eisprong door de merrie 'op te voelen' (rectaal onderzoek). De linker eierstok heeft weer zijn normale
omvang: de eiblaas is weg en de eicel is dus vrijgekomen. Eén van
de zaadcellen zal de eicel intussen zijn binnengedrongen. Het be-
vruchte eitje is in de eileider onderweg naar de baarmoeder. Die reis
duurt bij de merrie een dag of vijf. De eierstok gaat zwangerschapshormoon produceren en als ze drie weken na de dekking opnieuw
wordt geschouwd wil een drachtige merrie niks van de hengst weten.
Als hij avances maakt 'slaat ze hem af'. Maar Olinde is ook deze
keer vriendelijk naar de hengst; ze plast herhaaldelijk en is zichtbaar
weer tot paren bereid. 'Ze is teruggekomen' zeggen de paardenfokkers. Deze keer zit er een grote eiblaas op haar rechter eierstok en ze
wordt later die dag 'overgedekt' (opnieuw gedekt).

Spermakwaliteit

Ook bij een goede begeleiding van de merrie leidt niet elke dekking
tot drachtigheid. Zo'n begeleiding heeft bijvoorbeeld op de zaadkwa-
liteit van de hengst geen invloed. En die spermakwaliteit is zeer verschillend: drachtigheid na één dekking verschilt per hengst van tien
tot negentig procent. Ook bij één en dezelfde hengst zijn er verschil-
len in de drachtigheidsresultaten doordat het aantal zaadcellen bij
elke volgende dekking op dezelfde dag wordt gehalveerd. En vóórdat
de KI in de paardenfokkerij gebruikelijk werd, dekten tophengsten
soms meer dan tien merries per dag. De laatste merrie van de dag
kreeg dus heel wat minder dan de volle laag. Op mijn verzoek wordt
Olinde die ochtend als eerste gedekt.

Hormoonspuit

Twee dagen later zit op de rechter eierstok nog steeds die follikel. Hij
is nog wat groter geworden. De merrie wordt daarom overgedekt.
Maar als ik twee dagen daarna opnieuw controleer of de eisprong is
geweest, blijkt de eiblaas nog steeds aanwezig: de diameter is nu

meer dan zes centimeter. En Olinde is nu al vijf dagen hengstig. Ze krijgt daarom een hormoonspuit (HCG-injectie); die zal de eisprong afdwingen. En ze wordt voor de derde keer in deze cyclus gedekt. Daarna gaat de hengstigheid over. Zes weken later volgt het drachtigheidsonderzoek door opvoelen vanuit de endeldarm. In de baarmoeder voel ik een tweeling.

Geboorte
Merries zijn wel vaker drachtig van twee embryo's maar er worden zelden tweelingen geboren. Meestal sterft een van de twee vroegtijdig. Hier voel ik enig verschil in grootte van de twee vruchtblazen: de kleinste zal dus wel afgestorven zijn en verdwijnen. Vroeg gestorven embryo's worden niet afgestoten via een abortus, maar ze verdwijnen door resorptie. Daar merk je niks van.
Na tien maanden dracht begint de uier van Olinde vol te schieten en enkele dagen daarna volgt de bevalling. Dat is voor het paard een maand te vroeg. Het is niettemin een voldragen hengstveulen. Maar enkele minuten later volgt er nog een tweede veulen. Dat is een heel klein merrietje. Gezond en levendig maar duidelijk onvoldragen.

Intensieve zorg
Te vroeg geboren veulens hebben weinig kans op overleven, zelfs als het een éénling betreft. In dit geval zou de kleinste van de twee waarschijnlijk nog geen twee dagen oud worden. Intensieve zorg is dus noodzakelijk en zelfs dan is de prognose dubieus. Een paar uur na de geboorte krijgen ze elk een 'veulenspuit' (antibiotica) om vroege infecties te couperen. De moeder wordt om de twee uur met de hand in een steelpannetje gemolken, ook 's nachts. De biest wordt met een speenfles aan de kleinste van de tweeling toegediend. Het hengstveulen is sterk genoeg om zelf bij de moeder te drinken. Het merrietje wordt echter in de loop van een paar dagen minder levendig en het blijft veel liggen. Dekens en warme kruiken helpen niet.

Hormoonspuit

Tenslotte krijgt ze haar voedingen per maagsonde en wordt ze opge-
pept met infusen. Maar alles is tevergeefs. Na een week gaat ze dood.

Balans
Olinde moet al van de eerste dekking drachtig zijn geweest: het
hengstveulen was immers voldragen. Toch is drie weken later weer
een follikel (eiblaas) tot rijping gekomen en daardoor is ze opnieuw
hengstig geworden ondanks het feit dat ze toen al drachtig was. Dat
is uitzonderlijk. Misschien zou daarbij een tweede eisprong achterwege zijn gebleven als ze geen hormoonspuit had gekregen. Die zou
ze niet gekregen hebben als een drachtigheidsdiagnose vóór de twintigste dag na de eerste dekking mogelijk was geweest. Voor zo'n
vroege drachtigheidsdiagnose is een scanner (echografie) nodig. En
die kwam pas enkele jaren later beschikbaar voor gebruik in de paardenpraktijk.

20. Tweelingdracht *(echografie)*

Bij paarden wordt maar zelden een tweeling geboren: ik herinner me maar vier gevallen uit twintig jaar praktijk. Dat is veel minder dan bijv. bij de koe. En een drieling ben ik bij paarden nooit tegengekomen. Toch vind je bij de begeleiding van fokmerries in de eierstokken met enige regelmaat de gelijktijdige rijping van twee ei-blazen. Wat daarmee in het geslachtsapparaat van de merrie gebeurt, is duidelijk geworden na de komst van de scanner. Daarmee kan o.a. een vroege drachtigheidsdiagnose worden gesteld: binnen drie weken na de conceptie kan de dracht al worden vastgesteld, ook van een tweeling.

Echografie

De werking van een scanner berust op echografie: door een sonde wordt ultrageluid uitgezonden en de echo's daarvan worden weer opgevangen. Dat onhoorbare geluid wordt door de diverse soorten weefsels in het lichaam met verschillende intensiteit teruggekaatst. De echo's vormen een schaduwbeeld op de monitor. De techniek is zowel voor de ongeboren vrucht als voor het moederdier veilig. De eerste scanners die in de veterinaire praktijk werden gebruikt, waren afgestemd op de toepassing in het ziekenhuis. Zo stond in de gebruiksaanwijzing van het apparaat dat wij in 1987 kochten: 'De duur van de zwangerschap kan worden vastgesteld door meting van de afstand tussen kruin en stuit'. Dat is geen paardentaal.

Inwendig onderzoek

Bij de aanstaande moeder is het kind in de baarmoeder op de scanner te zien als de sonde tegen de buik wordt gehouden. Bij de merrie gaat dat niet: de afstand van de buikwand tot de baarmoeder is te groot om op die manier een drachtigheidsdiagnose te kunnen stellen. De sonde moet bij de merrie in de endeldarm worden gebracht om dicht genoeg bij de baarmoeder te komen. Die ligt in het bekken direct onder de darm. Als de merrie drachtig is, kun je op de achttiende dag na de laatste natuurlijke dekking of kunstmatige inseminatie een vruchtblaasje zien.

Tweelingdracht

Dat is op het scherm van de scanner een zwart bolletje van ongeveer een centimeter doorsnee. Wat je ziet is het vocht in het vruchtblaasje. Het eigenlijke embryo is nog microscopisch klein en dus niet te zien op de monitor.

Tweelingen

Het eerste seizoen dat ik met de scanner werkte, heb ik daarmee ongeveer vijftig merries op drachtigheid onderzocht. Daarbij kwam ik maar liefst zes tweelingen tegen. Dat is twaalf procent! Terwijl tweelingdracht bij de merrie in hooguit een half procent van de gevallen zou voorkomen. Dit was vierentwintig keer zoveel. Dus moest ik met het nieuwe apparaat iets helemaal verkeerd doen. Die zes merries heb ik drie weken later opnieuw onderzocht. Bij een drachtigheidsduur van zes weken deed ik dat onderzoek voorheen op de tast; ook via de endeldarm maar zonder scanner. Bij dat vervolgonderzoek bleek bij één van de zes merries helemaal geen dracht meer aanwezig te zijn: beide vruchtblaasjes waren verdwenen. Ze werd kort daarop weer hengstig en ze is opnieuw gedekt. Bij de andere vijf zag ik, net als de eerste keer, twee vruchtblaasjes. Die waren intussen groter geworden maar ze waren niet allebei even hard gegroeid. Op het scherm waren nu in het grotere blaasje de vruchtvliezen en een embryo te onderscheiden; het kleinste blaasje gaf een 'rommelig' beeld. Ik heb toen afgewacht. Het volgende voorjaar kregen alle zes merries elk maar één veulen. De 'rommelige' inhoud van de kleine vruchtblaasjes waren gestorven embryo's geweest. Deze vroegembryonale sterfte komt bij merries vaak voor.

Crushen

Paardenfokkers zijn niet blij met een tweeling: zij geven de voorkeur aan één goed veulen boven twee slechte. Twee goede veulens komen bij een tweeling niet voor. Toen de scanner in de paardenpraktijk inburgerde voor het drachtigheidsonderzoek werden daarmee zoveel tweelingen gevonden dat een behandeling werd gelanceerd.

113

Die behandeling bestond uit 'crushen'. Dat werd in de paardenfokkerij in korte tijd populair. Vanuit de endeldarm en door de wand van de baarmoeder heen wordt daarbij de kleinste van de twee vruchtblaasjes tegen de bekkenrand van de merrie gedrukt en kapotgeknepen. Vaak bleek echter dat even later ook het andere vruchtje ging afsterven. Om dat zoveel mogelijk tegen te gaan, moest het crushen al vroeg gebeuren, liefst bij twee weken dracht. Nabehandeling van de merrie met ontstekingsremmers zou de irritatie van de baarmoeder ten gevolge van het crushen tot rust brengen. En toedienen van extra zwangerschapshormoon moest het afstoten van de overblijvende vrucht tegengaan.

Scannen
In 1988 is de merrie Paulette veertien jaar oud. Ze is dan al twee keer drachtig geweest van een tweeling. Beide keren is dat op een teleurstelling uitgelopen. De eigenaar heeft gehoord dat met een scanner al vroeg kan worden vastgesteld of bij een merrie van een tweelingdracht sprake is en hij vraagt om zo'n onderzoek. Dat gebeurt in de stal. Paulette krijgt een praam op de bovenlip en de eigenaar houdt die vast. Op een tuinstoel een beetje opzij van de merrie staat de scanner. Die lijkt op een televisietoestel. Een snoer loopt naar het stopcontact in de voergang. Aan een tweede snoer zit de sonde; die ziet er uit als een zwarte sigaar. Hij is gemaakt van hard plastic dat bestand is tegen paardenmest. Ik heb hem in mijn rechter hand terwijl ik achter de merrie sta voor het rectale onderzoek. Om m'n arm zit een lange plastic handschoen.

Twee blaasjes
Met m'n arm in de endeldarm en de sonde in de hand is het even zoeken naar de onderliggende structuren. Op het scherm in de tuinstoel krijg ik de contouren te zien van de baarmoeder. Hier is de linkerhoorn en daar … ja! Een zwart bolletje verschijnt op de monitor.

114

Tweelingdracht

merrie en eigenaar

Vervolgens ga ik met mijn hand van de linkereierstok, over de baarmoeder, naar de rechterkant tot de andere eierstok. Dan verschijnt er een tweede zwart bolletje in beeld. Ik schrik maar zeg niks: eerst zeker weten. Maar de eigenaar heeft aan m'n gezicht gezien dat er iets niet in de haak is. Opnieuw ga ik met de sonde over de baarmoeder, nu van rechts naar links. En inderdaad: zowel in de rechter als in de linker baarmoederhoorn zit een zwart blaasje. Het bolletje rechts is iets groter dan links maar het verschil is klein. Voor de eigenaar is dit een grote teleurstelling: wéér een tweeling! Wanneer is de merrie voor het laatst gedekt? Op de kalender tegen de staldeur staat alles genoteerd: bekappen, dekken, ontwormen en vaccineren. Vandaag is het de twintigste dag na de laatste dekking. Wat nu?

Afwachten
Dat crushen heb ik altijd geweigerd. Op de eerste plaats stuit het kapotknijpen van een vruchtje me tegen de borst en het is ook niet goed voor de baarmoeder. En vooral: het is bijna nooit nodig doordat de natuur zelf voor een elegante oplossing zorgt door vroeg-embryonale sterfte. De zes merries met twee vruchtblaasjes hebben immers elk maar één gezond veulen geworpen. Ik stel voor om het onderzoek bij Paulette over drie weken te herhalen. Er gloort een sprankje hoop bij de eigenaar: zou de veearts zich misschien vergist hebben?

Cyste
Drie weken later is het blaasje in de linker hoorn van de baarmoeder flink gegroeid: de vruchtvliezen en het embryo zijn op het scherm goed te zien. Maar het blaasje rechts is niet groter geworden. Van vruchtvliezen of een embryo is daar geen sprake: het zwarte bolletje is precies gelijk aan het blaasje van drie weken geleden. Dat rechter blaasje is dus een cyste: een met vocht gevulde holte in de wand van de baarmoeder. Dat is een goedaardige afwijking die vooral bij oudere merries voorkomt. Deze cyste is rond en valt niet te onderscheiden van een vruchtblaasje in een vroeg stadium van de dracht.

116

Tweelingdracht

Volgens de richtlijnen voor het crushen had ik bij het eerste onderzoek direct het kleinste blaasje, dus dat in de linker baarmoederhoorn, kapot moeten knijpen. De dracht van de merrie zou daardoor zijn beëindigd want dat was het vruchtblaasje. De cyste aan de rechterkant zou dan zijn overgebleven.

Afloop
Paulette kreeg in het daaropvolgende voorjaar een prachtig veulen. Ze is tot op hoge leeftijd vruchtbaar gebleven. Maar ze kreeg steeds meer cystes in haar baarmoeder. De drachtigheidsdiagnose kon ik daardoor bij haar pas na de vijfde week stellen als het embryo zelf zichtbaar werd door de echo. Toen ze drieëntwintig jaar oud was, werd haar laatste veulen geboren. Het was een merrieveulen en dat kreeg de naam 'Paulette deux'. Voor de naamgeving van veulens wordt door het stamboek ieder jaar een beginletter voorgeschreven en daarbij wordt het alfabet gevolgd. Maar de letters Q, X en Y doen niet mee. Die zijn te moeilijk om veel verschillende namen te verzinnen. Dus ben je na drieëntwintig jaar terug bij A(f). Bij Paulette was met haar laatste veulen de cyclus rond.

21. Verkeersongeluk

Spoedgevallen in de paardenpraktijk betreffen vaak koliek, verlos-
singen, bevangenheid of verwondingen. De eerste hulp bijv. bij grote
paarden-evenementen vereist speciale vaardigheden.

Verkeersongeluk

Op tweede Pinksterdag komt er een oproep van de rijkspolitie: op de
A2 bij Rosmalen is een ongeluk gebeurd waarbij een paard is betrok-
ken. Ik ben al in Rosmalen bij een concours hippique. Via de secun-
daire weg is het maar vijf minuten rijden naar de snelweg. Vanaf het
viaduct zie ik een file tot over de Maasbrug in het noorden. Bij de
toerit staat een motoragent het verkeer om te leiden. Nog voordat ik
het raampje omlaag kan draaien om me bekend te maken, wenkt hij
me om de snelweg op te rijden. Daar zijn twee van de drie rijbanen
afgezet. Alleen op de meest linkse baan kruipt een file langs de vangrail: auto's vol nieuwsgierigen sukkelen voort met de raampjes omlaag om niks te missen van deze sensatie.

Trailer

Op de middenbaan staat een jeep tegen de rijrichting in. Daarachter
ligt een trailer op z'n kant; wat verwrongen en zonder dak. Grote
stukken polyester liggen overal verspreid. Een brandweerauto staat
ernaast. Mannen met helmen en in zwarte pakken zijn druk in de
weer. Twee meisjes van een jaar of achttien staan er stilletjes bij. Ze
zijn gekleed in rijbroek en ze zien heel bleek. Ze werden door de
brandweermannen uit de jeep bevrijd en ze zijn er met de schrik vanaf gekomen.

Paard

Het paard ligt dertig meter verder, over de rechter rijbaan en de
vluchtstrook heen onder de vangrail. Hij ligt plat op z'n linker zij met
z'n neus in de rijrichting, dus andersom dan de jeep: toen hij door het
dak van de trailer naar buiten werd geslingerd, moet hij dus in de
lucht een salto hebben gemaakt. Hij leeft.

118

Verkeersongeluk

Hij tilt z'n hoofd op en stoot daarbij tegen de onderkant van de vangrail. Z'n voorbenen maaien van vóór naar achter over het asfalt maar
krijgen daarop geen grip. Op een afstandje staat een man dit allemaal
aan te zien. Ik vraag of hij me wil helpen: het hoofd van het paard
moet op de grond worden gedrukt zodat het dier zich niet nog verder
beschadigt. Ik kan het dan in de halsader inspuiten.

Vangrail
Zo krijgt het paard een kalmeringsmiddel. Dan zegt een stem bij m'n
oor: "Moet ik even een stukje vangrail wegknippen?" Een brand-
weerman kijkt me vragend aan. Die vangrail blijkt van dichtbij een
massief stuk staal. Even wegknippen? De man tikt op een enorme
schaar die hij vasthoudt. Een slang naar de brandweerauto levert de
hydraulische knijpkracht. Maar ik wil eerst het paard onderzoeken.
Hoofd, hals en rug lijken onbeschadigd. Vanaf de rugzijde betast ik,
voor zover ik erbij kan, z'n benen en gewrichten. Ook die lijken intact. Waarschijnlijk kan de ruin dus zelf wel opstaan en lopen. Maar
daarvoor moet hij eerst onder de vangrail vandaan.

Opstaan
Vier brandweermannen komen helpen. Twee pakken de staart en
twee nemen het halstertouw om aan het hoofd te trekken. Eén, twee,
drie: Ja! Tegelijk tilt de helper het paardenhoofd iets van het asfalt
omhoog zodat het onderliggende oog niet wordt beschadigd. "Nog
eens: één, twee, drie: Ja! Ja! Het paard schuift onder de vangrail uit
en ligt rustig op de vluchtstrook in een slaaptoestand: de kalmeringsspuit werkt. De brandweermannen willen hem takelen met banden
onder zijn lijf door. Maar ik zeg dat dit niet nodig is: het paard kan
nu zelf opstaan. Ze kijken naar het bewegingloze dier en denken er
het hunne van. Het paard zucht eens diep en ligt er als bewusteloos
bij. "Pas op voor de voorbenen als hij opstaat" waarschuw ik de man
bij het hoofd. "En als hij opstaat, loop dan direct naar die trailer daar
zonder te stoppen".

De man zegt niks, maar 'die trailer daar' is toevallig zijn eigendom. Dan stoot ik met twee knieën tegelijk in de ribben van het paard: "Kom op! Vort!" Het dier tilt zijn hoofd op en steekt zijn voorbenen ver vooruit. Hij vouwt de achterbenen onder z'n buik en staat in één beweging op. "Vooruit! Vort!"

laden op de A2

Laden

Ik grijp z'n staart en ga eraan hangen met m'n voeten vooruit als om hem af te remmen. Dat is om wankelen en vallen te voorkomen: je bent zo een soort staartroer. Want het dier is slap van de spuit en de benen zijn dof van het liggen. En er is van alles gekneusd. Het is wel een raar gezicht een man die zo aan de staart van een paard hangt, maar het werkt. De onbekende helper ondersteunt het hoofd en stuurt het paard naar de trailer zonder een woord te zeggen. Het verloopt vlekkeloos alsof het dagelijkse routine is.

Verkeersongeluk

Zonder te stoppen loopt hij in één ruk de laadklep op en de trailer in. Hij steekt het halstertouw door het oog aan de voorwand en legt er een paardensteek in. De ruin trilt over z'n hele lichaam. In de trailer zoekt hij steun tegen de zijwand. Ik loop naar m'n auto voor een pijnstillende injectie. Zijn spieren gaan opzwellen door de kneuzingen en dan wordt hij stijf. Om hem in beweging te kunnen houden en zo de bloedstroom in de spieren te stimuleren, zijn pijnstillers nodig.

Nabehandeling
De meisjes zijn weer op verhaal gekomen en ze hebben naar huis gebeld. De een zal bij het wrak van de trailer op haar vader wachten; die is al onderweg. De ander rijdt mee met de behulpzame man en het paard om de weg naar huis te wijzen. Voor de nabehandeling geef ik haar pijnstillende pasta's mee. Bij thuiskomst moet het paard worden gedoucht en daarna drooggetrokken met een zweetmes. Vervolgens dient hij onder een dubbele deken te worden afgestapt. Ook de dagen daarna moet er een paar keer per dag mee worden gewandeld. De jeep en de gehavende trailer zijn op de vluchtstrook gezet, de rijbanen zijn schoongeveegd en het verkeer raast weer voorbij over drie rijstroken.

Voor de meisjes en voor het paard is dit ongeluk onbegrijpelijk goed afgelopen: middenin de verkeerspiek van Pinksteren! Het herstel van de chaos heeft nog geen uur geduurd. Als je bij een ongeluk onverhoopt in je auto bekneld raakt, mag je toch hopen, nee bidden, dat zo'n politie- en brandweerteam voor je klaarstaat.

Studio sport
Een tijdje later komt op de televisie iets over paardensport: er is een nieuwe bondscoach benoemd voor de Nederlandse springruiters. De man wordt geïnterviewd. Hij komt me bekend voor, maar ik weet eerst niet waarvan. Even later valt toch het kwartje: dit is de man die me destijds heeft geholpen bij dat ongeluk met het paard op de A2. Bert Romp is zijn naam.

22. Hoofdwond *(Monty Roberts)*

Oproep voor een paard met een wond. In tranen vertelt het meisje dat ze haar paard in de stal heeft aangetroffen met zijn hoofd vol bloed. Ze heeft geen idee hoe het is gekomen: 'Duco is altijd hartstikke lief'. Ze kent ook zijn vader: Pretendent. Dat is een gerenommeerde dressuur-vererver. Maar met een precair karakter. En dat heeft hij dominant vererfd.

Afstamming
De dekhengsten van het KWPN (Koninklijk Warmbloed Paardenstamboek Nederland) zijn opgenomen in een achtdelig naslagwerk: Hengstenboek Nederlandse Warmbloedfokkerij. Pretendent blijkt een keurhengst met ongeveer 630 nakomelingen. Hij is in Nederland gefokt, maar zijn vader, Le Faquin, werd in 1967 ingevoerd. Het hengstenboek vermeldt over het karakter van Pretendent: "lastig, moeilijk te rijden; toont soms veel verzet; doet onder de man wat onvriendelijk aan; heeft een goede ruiter nodig". Bij het verrichtingsonderzoek kreeg dat karakter het rapportcijfer 4. Onder zijn afstammelingen bevinden zich diverse toppers in de dressuurwedstrijden. Maar vele van hen zijn soms moeilijk te hanteren.

Onderzoek
Er zit bloed aan de spijlen van de box en een veeg bloed zit op een van de wanden. De beschadiging aan het hoofd valt nogal mee: op het voorhoofd zit een losse huidflap. Met moeite kan het meisje hem de halster aandoen. Ze zet Duco op de wasplaats. Als ik mijn hand naar hem uitsteek, gaat met een ruk zijn hoofd omhoog. Als ik aandring volgt een snelle klap van zijn voorbeen. Die gaat rakelings langs het meisje dat voor hem staat met een handvol suikerklontjes. Ze is stomverbaasd: dit heeft hij nog nooit gedaan. Opzetten van een praam is uitgesloten. En in haar argeloosheid is deze amazone een gevaar voor zichzelf. Ik stel voor om de spontane genezing van de wond af te wachten. In het ongunstigste geval zullen straks op zijn voorhoofd enkele witte haren groeien. Veel paarden hebben op die

plek van nature al witte haren: een kolletje wordt dat genoemd. Verder is er geen nadelig gevolg te verwachten.

dressuurpaard

Sedatie

Mijn geruststellende woorden werken echter averechts: er volgt een huilbui. 'Dáárvoor heeft ze me niet laten komen. Die wond moet gehècht! Duco heeft pijn; dat ziet ze zó aan hem. Dáárom heeft hij naar haar geslagen. Dat heeft hij nóóit eerder gedaan!' Discussie is zinloos. Ongetwijfeld wordt het een heel moeilijke opgave om zonder adequate hulp een hoofdwond te hechten bij dit dier. Maar in de auto heb ik genoeg kalmeringsmiddelen voor vijf van zulke paarden. Eerst zet ik hem terug in zijn box en ik bind hem daar kort vast aan de spijlen. Verderop in de stal zie ik een stevige halsband hangen. Die zal hij niet stuktrekken. Bij het omdoen haalt hij fel uit met zijn voorbeen. Daarmee knalt hij tegen de boxwand. Aan de buitenkant staat het meisje vlak voor de box. Ze schrikt zich een ongeluk en gaat op een veilige afstand staan. De band zit nu om zijn nek en ik zet hem daaraan met een tweede nylon touw vast aan de spijlen. Uit de auto haal ik een spuit met een kalmeringsmiddel. Hij zal zo'n 600 kg wegen, maar ik doseer meteen maar royaal. Dat zal hem rustig maken en het heeft een pijnstillend effect. Als ik zijn hals vastpak om de ader te stuwen, ramt hij weer tegen de boxwand en rukt met geweld aan de touwen. Maar de halsband houdt het en hij heeft weinig bewegingsruimte. Zo kan ik hem inspuiten.

Voorbereiding

Naast de stallen is een lege garage. Bij mijn werk heb ik graag veel ruimte, vooral bij moeilijk hanteerbare paarden. De spullen die ik dadelijk nodig heb leg ik daar neer. Als ik in de stal terugkom, staat Duco slaperig te kijken met zijn hoofd omlaag. Maar als ik hem even aanraak: Knal! De klap komt even snel en is zo mogelijk nog harder dan tevoren. Zijn hoofd slaat met een heftige ruk in mijn richting. Terug dan maar naar de auto: met genoeg medicijnen win je het altijd. Even later krijgt hij zijn tweede spuit. Een kwartier daarna is hij mak: hij reageert niet als ik hem aanraak en als ik de touwen van de box-spijlen lostrek, zakt zijn hoofd ver omlaag.

Hoofdwond

Hij wankelt en botst links en rechts tegen de deuropening. In de garage maak ik een grote bocht om hem met zijn hoofd naar de deur te
zetten zodat er daglicht valt op zijn voorhoofd. Daar moet ik dadelijk
hechten. Maar die bocht is er bijna teveel aan: zijn achterbenen raken
gekruist en hij vergeet om ze te corrigeren. Het scheelt weinig of hij
valt neer. Hij zweet over zijn hele lijf en als ik zijn halster loslaat
zakt zijn hoofd tot op de vloer. Zijn voorbenen zet hij ver uiteen. Dan
zet ik hem de praam op en steek het praamhout tussen de halster.
Want bij het hechten moet ik recht vóór hem gaan zitten op mijn
knieën. En een trap van zijn voorbeen tussen de mijne wil ik tot elke
prijs vermijden.

Hechten

Dan ontsmet ik de wond en verdoof de huid plaatselijk. Ik betast de
schedel met steriele handschoenen aan. Geen botbreuken of splinters,
alleen een huidwond. De vloer is nu nat van zijn zweet. Tijdens het
hechten beweegt hij zich niet. De huidflap komt netjes op zijn plaats
met daaronder een gaasdrain om ophoping van wondvocht te voorkomen. Dat gaasje mag morgen weer uit de wond worden getrokken.
Dan wat wondspray erover en klaar. Duco blijkt elk jaar te zijn inge-
ent tegen tetanus dus een booster-injectie is niet nodig. Hij wankelt
terug naar de stal en zijn box in. Daar krijgt hij liefdevol klontjes
aangeboden, maar hij heeft geen belangstelling. Het meisje is opgelucht dat zijn hoofd er weer nagenoeg ongeschonden uitziet. Het was
wel een hoop werk voor een kleine, cosmetische ingreep en niet zonder risico; zowel voor de patiënt als voor de dokter. Maar wat is
wijsheid in zo'n geval?

Monty Roberts

Van Monty Roberts en zijn revolutionaire manier om met paarden
om te gaan, had ik toen nog niet gehoord. Zijn boek 'De man die
luistert naar paarden' werd hier pas in 1997 uitgegeven. Hij werd met
zijn aanpak een levende legende.

In 2005 gaf hij ook in Nederland een demonstratie van zijn benadering van onberekenbare paarden. Daarbij waren toen gevaarlijke dieren. Ik zag hem aan het werk en kreeg diep ontzag voor de man en voor zijn aanpak. Zonder kalmeringsmiddelen deed hij dat. En zonder te slaan of ander geweld kreeg hij van hen gedaan wat hij wilde: hij vroeg ze als het ware om hun medewerking en liet ze in hun waarde. Intussen liep hij zelf wel degelijk gevaar. Nobeler kan het nauwelijks.

Die demonstratie heeft mijn benadering van paarden veranderd. Maar toch stel ik me vragen: Hoe zou Monty Roberts bij een paard als Duco die hoofdwond hebben gehecht? Zou hij dat ook alleen hebben gedaan en zonder kalmeringsmiddel? En zou hij zelf dan ook meer dan zeventig jaar zijn geworden?

23. Zadelmak *(paardrijkunst)*

Hoe leer je een paard om een zadel en het gewicht van een ruiter op zijn rug te verdragen? Vroeger werd zo'n paard 'ingebroken': verzet werd met geweld gebroken. Lichamelijke en vooral geestelijke paardenmishandeling was dat: de dieren waren doodsbang. De Amerikaan Monty Roberts bracht daar verandering in: hij vraagt de paarden om medewerking in hun eigen lichaamstaal. Ze begrijpen wat hij wil en ze werken mee, zonder dwang. Hij is er wereldberoemd door geworden. In Nederland hebben we ook zo'n paardenkunstenaar. Hij maakt paarden zadelmak op zijn eigen manier. Zonder geweld of straf en in minder dan een half uur.

Gert van den Hof
In het hippisch centrum te Wanrooij is een demonstratie georganiseerd van het zadelmak maken van paarden door Gert van den Hof. Die naam heb ik nooit eerder gehoord. In de overdekte rijhal staat aan de korte kant een tribune, maar de meeste belangstellenden staan bij de kantine met een beker koffie. Het is januari 2004 en het is fris in de hal. De 'lady speaker' heet de bezoekers welkom en ze stelt Gert voor: een man van een jaar of veertig in een rijbroek, zonder sporen of zweep. En hij draagt geen cap. Dat is niet naar de zin van de gastvrouw, want overal hangen bordjes dat het dragen van een cap bij het rijden verplicht is. Hij krijgt dus zo'n hoofddeksel op en om z'n hals wordt een microfoontje bevestigd.

Paard 1
Dan moet iedereen de manegebak uit en het eerste paard wordt binnengebracht. Het is een driejarige ruin. Gert heeft hem nooit eerder gezien. Het dier kent het halster maar verder niks: hij is nog groen. De ruin is nerveus en kijkt schichtig rond. Gert neemt het halstertouw over en vraagt naar de afstamming. De eigenaar noemt de namen van de vader en de grootvader. "Dat is springbloed" zegt Gert. En daar laat hij het bij. Hij blijkt een man van weinig woorden. Hij loopt met het paard een rondje door de rijbak. De ruin kijkt met grote

ogen rond en schrikt van alles wat hij ziet. Hij blaast van angst door wijd-open neusgaten. Gert zet hem stil vóór de tribune.

Beenkap

Hij krijgt twee beenkappen aangereikt. Ze moeten voorkomen dat het paard zich blesseert als hij dadelijk rare bokkensprongen maakt. Behalve het zadel zijn het de enige hulpmiddelen die hij vanavond gebruikt. Hij strijkt langs de hals van het paard en over het linker voorbeen omlaag. Het paard stampvoet fel. Rustig herhaalt hij de handeling: Pats! weer een trap van het voorbeen. Hij strijkt opnieuw langs de hals en over het been. Nog eens; en weer. Rustig en zonder een woord doet hij dat; geen enkele keer wordt hij kwaad. Als het paard tenslotte stil blijft staan, doet hij de beenkap rond de pijp (het onderbeen) en plakt de klittebanden vast. Dan hetzelfde ritueel aan het rechter voorbeen. Dat duurt minder lang.

Zadel

Het zadel wordt aangereikt. Zonder omwegen legt hij het op de paardenrug. De ruin verstijft, maar beweegt niet, stokstijf van de spanning. Gert laat aan de rechterkant de singel neer en loopt terug naar links. Het paard volgt hem met de ogen, maar beweegt niet. De singel wordt aangegespt. Dat provoceert buikspanning; tot op de tribune is dat te zien. Gert besteedt er geen aandacht aan, trekt de singel strak en zegt: "Hij moet even aan het zadel wennen". Dan loopt hij met het dier vooruit. Bij de eerste stap barst de spanning los: het paard maakt bokkensprongen in alle richtingen; trapt wild naar vóór en naar achteren: dat rare ding op zijn rug moet eraf. Gert loopt door met het halstertouw in de hand. Hij kijkt niet om en de ruin moet dus wel vooruit. Hij springt weer omhoog, kromt z'n rug, slaat fel achteruit; springt naar links en naar rechts. Gert wandelt gewoon voort door de manegebak. Even later staakt het paard zijn verzet. Ze stappen samen nog een rondje en dan zet Gert hem weer voor de tribune neer. Hij trekt de singel nog wat strakker. De ruin reageert niet.

Zadelmak

Ruiter

Hij staat links van het paard en pakt de stijgbeugel; kijkt hem van
opzij even aan en steekt z'n linker voet in de beugel. Die voet draait
hij met de tenen naar voren, naar het hoofd van het paard: zo stoot hij
niet met de punt van z'n laars in de ribben. Hij gaat in de stijgbeugel
staan, steunend op z'n linkervoet en houdt zich vast aan de vóór- en
de achterkant van het zadel. De spanning onder de toeschouwers
stijgt. Als het paard nu net zo bokt als daarnet, wordt hij gelanceerd.
Maar de ruin beweegt niet. Gert tilt rustig z'n rechterbeen over het
zadel en steekt die voet in de stijgbeugel aan de andere kant. Als hij
gaat zitten, schiet het paard plotseling vooruit als een pijl uit de boog,
in een rengalop en hij begint te bokken: het hoofd omlaag, de rug
gekromd in wilde sprongen: dat gewicht op z'n rug wil hij kwijt.
Gert leunt voorover 'in verlichte zit'; het halstertouw in één hand.
Hij lijkt het allemaal vooral amusant te vinden. Terwijl ze rondstui-
ven door de manegebak zegt hij in de microfoon: "Hij moet z'n
spanning even kwijt. Dat kan wel een paar rondjes duren." Hij heeft
daarbij een grijns op z'n gezicht.

Sturen

Intussen is hij allerminst passief: terwijl ze rondstormen, zie je dat hij
het paard stuurt met zijn gewicht: soms komt z'n achterste helemaal
tot naast het zadel: zoals een motorcoureur die bij hoge snelheid in
de bocht naast zijn machine gaat hangen. Na een ronde of acht wordt
het bokken minder fel en de rengalop rustiger. Dan geeft het paard
het op; het gaat over in draf en staat even later stil. Gert gaat rechtop
in het zadel zitten. Maar dat is er voor het paard toch teveel aan: als
hij het ruitergewicht op z'n rug voelt, reageert hij als door een slang
gebeten. Als een raket vliegt hij weer rond door de bak. Deze keer
duurt het minder lang, want hij wordt moe. Als hij hijgend stilstaat,
vindt Gert het niet slecht gegaan voor de eerste keer.

sturen zonder teugels

Zadelmak

Springen
"Maar hij had toch springbloed? Zet dan maar eens een hindernis neer." Ik geloof m'n oren niet. Nog geen kwartier onder de man; geen hoofdstel, geen teugels. Dit lijkt onmogelijk. Twee staanders en een paar balken worden binnengebracht. De ene balk komt op zo'n zestig centimeter hoogte tussen de staanders; de andere op de grond vóór de sprong. Gert klemt zijn benen tegen de paardenbuik en drijft het dier in de richting van de hindernis. Daar houdt het paard in. Hij wil eerst naar links en dan naar rechts om het obstakel heen. Maar Gert drukt door en warempel: het paard springt! Hij komt onhandig van de grond, bijna met vier voeten tegelijk, maar hij belandt aan de andere kant van de hindernis. Het publiek is stom van verbazing. Maar Gert vindt dit te min voor een paard met zo'n afstamming en drijft hem opnieuw naar de oefensprong. Het dier begrijpt hem nu een beetje en springt zonder zichtbare aarzeling. Er volgt nog een derde, keurige sprong. Dan vindt Gert het genoeg. "De eerste keer moet je ze niet teveel belasten." Alles bij elkaar heeft het nog geen half uur geduurd.

Stilte
Het blijft stil in de rijhal; niemand klapt. Niet omdat de geleverde prestatie dat niet ruimschoots verdient; niet omdat het paard daarvan zou schrikken: van pure verbazing vergeet het publiek gewoon om te klappen. Dit lijkt wel magie. Alleen voor Gert is het doodgewoon. Hij stapt af en strijkt het paard langs de hals. Ze lopen samen naar de uitgang van de bak en hij geeft het halstertouw aan de eigenaar. Die vraagt verbouwereerd hoe het nu verder moet met het zadelmak maken van zijn paard. Maar dat vindt Gert een vreemde vraag: "Hij **is** nu zadelmak! U kunt hem gewoon elke dag gaan berijden. Niet te lang in het begin." De eigenaar kan dat zo vlug niet bevatten. En ook onder de toeschouwers is de aarzeling te voelen.

oefensprong

Zadelmak

Paard 2

Dan komt een schimmel aan de beurt. De merrie is zes jaar oud.
Twee jaar eerder is een poging gedaan om haar zadelmak te maken,
maar dat is mislukt: ze was onhandelbaar. Ze heeft het sterpredikaat
van het stamboek en is voorlopig keur. In de pedigree (afstamming)
prijkt het allerbeste dressuurbloed. Maar ze is eigenzinnig. Ze stampt
furieus bij het omdoen van de beenbeschermers; de singel rond haar
buik provoceert een explosie: ze bokt en trapt en weet niet van op-
houden. Gert wacht geduldig tot ze is uitgekuurd. Hij loopt een aantal rondjes met haar door de rijbak en trekt de singel strakker: weer
een aanval van heftig verzet. Dus wandelt hij nog een paar rondjes.
Dan stijgt hij op. Nog voordat zijn rechtervoet in de stijgbeugel zit,
stormt de merrie vooruit. Ze doet verwoede pogingen om hem af te
werpen en ze houdt dat lang vol. Het deert Gert niet. Na vele ronden
'wild west' staat de merrie uiteindelijk uitgeput stil. Ze hijgt met
wijd-open neusgaten; haar flanken slaan heftig heen en weer en
schuim staat op haar hele lijf.

Verwend

Gert draait zich om in het zadel en strijkt met zijn hand over haar rug
naar de staart. Maar deze dame heeft zich altijd verzet tegen alles wat
haar niet beviel en daarbij heeft ze steeds haar zin gekregen. Dus dit
laat ze niet zomaar toe. Ze gooit haar kont hoog omhoog en trapt met
twee benen tegelijk achteruit. Hoe Gert daarbij in het zadel blijft zitten, begrijp ik niet. Maar hij verandert niet eens van houding en herhaalt de beweging. Weer die woedende trap. Dus nog een keer; nog
eens; en weer. Zijn geduld is onuitputtelijk. Ten langen leste geeft
het verwende dier het op: tegen deze man is geen kruid gewassen. Ze
blijft gelaten staan en geeft zich over. Voor het eerst in haar leven
heeft ze haar zin niet gekregen. Gert stapt af, loopt met het paard
naar de uitgang en geeft het halstertouw aan de eigenaresse. Die
zwijgt; ze is totaal van haar stuk. M'n buurman op de tribune zegt
voor zich heen: "Het lijkt wel of hij ze behekst."

Klein
Dan is het koffiepauze. Daarna komen nog twee paarden. Maar ik wacht dat niet af. Ik stap in de auto en rijd stil naar huis. Wat hier werd vertoond, was in z'n eenvoud groots. En als ik getuige mag zijn van iets groots, voel ik me maar klein.

Auteur

Leo Rogier Verberne

1943 geboren te Helden-Panningen
1962 gymnasium te Eindhoven
1970 dierenartsexamen; kliniek voor inwendige ziekten
faculteit diergeneeskunde Utrecht
1973 kliniek voor veterinaire heelkunde
faculteit diergeneeskunde Utrecht

1978 laboratorium voor fysiologie, medische faculteit V.U.
1983 registratie als medisch fysioloog
1986 promotie tot doctor in de geneeskunde

1984 praktijk voor grote en kleine huisdieren te Hintham
(bij Den Bosch)
1987 praktijk voor landbouwhuisdieren en paarden te Berlicum
2000 (fusie)praktijk voor landbouwhuisdieren en paarden te Oss

1994 registratie als specialist inwendige ziekten van het paard
2000 certificering als rundveearts
2001 certificering als paardenarts
2003 rustend veearts en paardenarts

www.ingramcontent.com/pod-product-compliance
Lightning Source LLC
Chambersburg PA
CBHW060436090426
42733CB00011B/2297

* 9 7 8 9 0 8 1 8 3 6 2 5 8 *